Die Französische Revolution

Handreichungen für den Unterricht

Erarbeitet von Jürgen Walther und Hermann Both
unter Mitarbeit der Verlagsredaktion

Cornelsen

Kurshefte Geschichte
Die Französische Revolution

Handreichungen für den Unterricht

Die Handreichungen wurden erarbeitet von:
Jürgen Walther und Hermann Both
unter Mitarbeit der Verlagsredaktion

Redaktion: Dr. Christine Keitz, Dagmar Knapp
Umschlaggestaltung: Ulrike Kuhr
(Umschlagbild: Ölgemälde „Erklärung der Menschen- und Bürgerrechte" von Jean Jacques le Barbier, 1789/90; Hachette, Paris)
Layout und technische Umsetzung: Uwe Rogal, Berlin

www.cornelsen.de

1. Auflage, 1. Druck 2007

Druck: CS-Druck CornelsenStürtz, Berlin

ISBN 978-3-06-064240-3

Inhalt gedruckt auf säurefreiem Papier aus nachhaltiger Forstwirtschaft.

Inhalt

Abkürzungen:
SB = Schülerband
LB = Lehrerband

Zur Gesamtkonzeption der Reihe *Kurshefte Geschichte*

Die ***Kurshefte Geschichte*** sind thematisch orientierte Quellensammlungen für den Geschichtsunterricht in der Sekundarstufe II. Die Reihe legt bei der Themenwahl den Schwerpunkt auf epochenbezogene Längsschnitte und eignet sich für Grund- und Leistungskurse.
Im Zentrum der problemorientierten Kapitel stehen die umfangreichen Quellensammlungen. Gemeinsam mit den kurzen Darstellungstexten sowie den Sonderseiten „Themen und Methoden" und „Weiterführende Arbeitsanregungen" verstehen sie sich als Angebote für einen methoden-, handlungs- und gegenwartsorientierten Geschichtsunterricht in der Oberstufe.
Darüber hinaus wollen die ***Kurshefte Geschichte*** bei den Schülerinnen und Schülern historisch-politische Interessen wecken und das selbstständige Arbeiten fördern. Aus diesem Grund gehört zu jedem Heft ein umfassender Serviceanhang und das Internet wird an ausgewählten Stellen der Kapitel thematisch gezielt mit eingebunden.

Die ***Titel der Reihe Kurshefte Geschichte*** decken alle Zeiträume von der Antike bis zur Gegenwart ab und berücksichtigen regionale, nationale, europäische und außereuropäische Handlungs- und Kulturräume, z. B.:
- Demokratie in Athen: Die attische Demokratie – Vorbild der modernen Demokratie?
- Das Römische Reich: Politik und Alltag
- Das Mittelalter: Materialien zur Geschichte und Geschichtskultur einer Epoche
- Europa und die Welt um 1500
- Die Französische Revolution
- Revolutionen in Europa: 1789 – 1917 – 1989
- Industrielle Revolution und Moderne um 1900
- Die Weimarer Republik: Politik und Gesellschaft in Zeiten des Umbruchs
- Der Nationalsozialismus: Die Zeit der NS-Herrschaft und ihre Bedeutung für die deutsche Geschichte
- Europa im 20. Jahrhundert: Die europäische Einigungsbewegung und das Europa der Menschen- und Bürgerrechte
- China: Kaiserreich und Moderne
- Die islamische Welt und Europa
- Die Geschichte der USA

Hilfen für Lehrerinnen und Lehrer bieten die ***Handreichungen für den Unterricht***. Sie erscheinen zu jedem Titel der Reihe und enthalten Erläuterungen und Tafelbilder zu allen Materialien eines Heftes.

Die Elemente der Kapitel und die Angebote der Serviceseiten im Schülerbuch

Darstellungen

Jedes Kapitel beginnt mit einer kurzen Darstellung, die in Probleme und Hintergründe des Kapitelthemas einführt.

Kästen „Hinweise zur Arbeit mit den Materialien"

Um Themenschwerpunkte gemeinsam mit dem Kurs festzulegen, gehen dem Materialteil „Hinweise zur Arbeit mit den Materialien" voraus. In den farbig unterlegten Kästen werden die Auswahl der Quellen erläutert, die Themen der Sonderseiten vorgestellt und Anregungen für Leitfragen, Methodenschwerpunkte und Partner- oder Gruppenarbeiten gegeben.

Materialteile

Die umfassenden Materialteile berücksichtigen geschichtliche Zeugnisse aller Art: autobiografische Texte, interne Protokolle, Reden, Gesetze, Zeitungsberichte, Karikaturen, Gemälde, Plakate, Skulpturen, Fotografien, Statistiken, Sekundärtexte. Einzeln oder thematisch gruppiert und durch Arbeitsaufträge verknüpft, können sie vertiefend, erweiternd oder kontrastierend eingesetzt werden; auch bieten sie Anregungen für ideologiekritische und theoriegeleitete Verfahrensweisen. Der Zugriff auf die verschiedenen Dimensionen der Geschichte – Politik, Gesellschaft, Wirtschaft, Kultur, Alltag, Umwelt, Geschlechterrollen – wird in den Kapiteln unterschiedlich gewichtet.

Sonderseiten „Themen und Methoden"

Unter der Rubrik „Themen und Methoden" werden auf den gelb umrandeten Seiten Materialien für die fachspezifische Methodenarbeit angeboten (Rubrik „Methoden") und interessante Zugriffsweisen vorgestellt, z. B. Fallanalysen (Rubrik „Themen").

„Weiterführende Arbeitsanregungen"

Die letzte Seite eines Kapitels (farbig unterlegt) setzt die Schwerpunkte bei der Handlungs- und Gegenwartsorientierung. Hier finden sich Anregungen für Hausarbeiten, Exkursionen, Internetrecherchen, fächerverbindende Themen, Projekte und Präsentationen.

„Zur Wiederholung und Abiturvorbereitung"

Die erste Serviceseite des Anhangs bietet Arbeitsaufträge, die bei der Vorbereitung auf das schriftliche und mündliche Abitur helfen. Eine Probeklausur, die in einem der Kapitel als „Methodensonderseite" gestaltet ist, kann ergänzend hinzugezogen werden.

Facharbeiten

Zu der Frage „Wie und zu welchem Thema schreibe ich eine Facharbeit?" finden Schülerinnen und Schüler Tipps und Anregungen auf einer weiteren Extraseite im Serviceteil.

Zeittafel, Begriffslexikon, Personenlexikon, Sachregister

Um die Auseinandersetzung mit historischen Fachbegriffen und den Zugang zu Daten und biografischen Informationen zu erleichtern, enthält der Anhang eine Zeittafel, ein Begriffslexikon, ein Personenlexikon und ein Sachregister.

Fachliteratur, Internethinweise und Hilfsmittel für Präsentationen und Projekte

Ein methoden- und handlungsorientierter Unterricht bedarf der Stützung durch Print- und elektronische Medien. Hinweise und Tipps finden sich ebenfalls im Serviceteil.

Kapitel 1
Einführung: „C'est une révolution!"

M 1, S. 6
Nanine Vallain, La Liberté (Gemälde 1793/94)

Zur Künstlerin: Nanine Vallain, Schülerin von Joseph Benoît Suvée und von Jacques-Louis David, beteiligte sich schon vor 1789 mit ihren Bildern an Ausstellungen in Paris. In den Jahren der Revolution war sie produktiv und stand den Jakobinern nahe. Später, in der Zeit Napoleons, entstanden ihre Historienmalereien.

Zum Bild: Diese allegorische Darstellung der Freiheit mit den zeittypischen Insignien hing im Jakobinerklub. Nach der Hinrichtung Robespierres am 10. Thermidor und der Schließung des Klubs im November 1794 verschwand das Bild im Depot des Louvre. Vergessen und erst im Vorfeld der Zweihundertjahrfeier der Französischen Revolution 1989 wiederentdeckt und restauriert, hängt es heute im Museum von Vizille (Isère).

Das Bild zeigt eine junge Frau in antiken Gewändern vor einer Pyramide sitzend. Die Pyramidenform suggeriert Einfachheit und Unsterblichkeit. Dieses in der Revolutionszeit weit verbreitete Motiv zitiert Freimaurer- bzw. Illuminatensymbole. Mit ihrer linken Hand hält sie eine Lanze mit der phrygischen Mütze, dem Freiheitssymbol der Jakobiner, in ihrer rechten Hand eine Pergamentrolle mit der Erklärung der Menschen- und Bürgerrechte. Zu ihren Füßen liegen eine Krone und zerbrochene Ketten.

Dieses Gemälde vereint jakobinische Symbole und bringt eindeutig republikanische Positionen zum Ausdruck.

M 2, S. 7
Der Revolutionsbegriff in der Werbung – IBM-Slogan zur CeBIT 1999

Methodisch-didaktischer Hinweis: Der Revolutionsbegriff ist heute in Alltagssprache und Alltagswissen integriert. Die Schülerinnen und Schüler können dem Revolutionsbegriff

- soziale,
- politische,
- wissenschaftlich-technische Aspekte zuordnen und
- historische und zeitgeschichtliche Bezüge herstellen.

Zu Aufgabe 2, S. 7

Das Frageraster zur Untersuchung einer Revolution sollte folgende Aspekte berücksichtigen:

- Fragen nach den Ursachen und Trägern der Revolution (Alternativen, Interessen, Bündnisse);
- Fragen nach den kurz-, mittel- und langfristigen Zielen, nach der Realisierbarkeit der Ziele und nach der Integration verschiedener Interessen durch die Ziele;
- Fragen nach dem Verlauf (Eigendynamik, Lenkung, geradlinig oder Zickzackkurs);
- Fragen nach den Ergebnissen (kurz-, mittel- und langfristige Wirkungen/wurden die Ziele erreicht?).

Zu Aufgabe 3, S. 7

Allgemeine Merkmale von Revolutionen:

- Revolutionen gestalten die gesellschaftliche Struktur, die politische Organisation und die kulturellen Wertvorstellungen grundlegend um;
- ... vollziehen sich in einem bestimmten geografischen Bereich;
- ... spielen sich in einem relativ kurzen historischen Zeitraum ab;
- ... führen zum Durchbruch zu etwas Neuem, „Motor des Fortschritts".

Der „Vorbildcharakter" der Französischen Revolution kann aus dem Vergleich ihrer angestrebten Ziele, erreichten Ergebnisse und eingeschlagenen Wege mit den zeitgenössischen und langfristigen Veränderungen in Europa und der Welt kritisch abgeleitet werden:

- Revolution von 1848/49;
- Nationalbewegungen im 19. Jahrhundert in Europa;
- Unabhängigkeitskampf in Lateinamerika im 19. Jahrhundert;
- Revolutionen in Russland 1905/1917;
- Veränderungen nach 1989 in Mittel- und Osteuropa.

Zu Aufgabe 4, S. 7

Als Impuls zur rationellen Gestaltung des Lernprozesses ist der rechte Tafelanschrieb denkbar.

Zu Aufgabe 5, S. 7

Methodisch-didaktischer Hinweis: Auch Begriffsbestimmungen bzw. Definitionen in Nachschlagewerken sind immer durch Wertvorstellungen und wissenschaftliche Positionen der Verfasser interessengeleitet und damit kritisch zu hinterfragen.

Lösung gesellschaftlicher Konflikte durch

Reform — Revolution

Wege?
(gewaltsam/gewaltfrei)

Zeitraum?
(kurzfristig/evolutionär)

Handlungsoptionen?
(bewusst/spontan)

Kapitel 2
Krise ohne Ausweg?
Zu den Ursachen der Französischen Revolution

M 1, S. 13
Gabriel Lemonier, Gebildete „Hofhaltung" im Salon der Madame Geoffrin bei einem Vortrag (Gemälde um 1745)

Zum Bild: In einem mit Landschafts- und Porträtbildern reich ausgestatteten Salon hat sich eine große Zuhörergruppe versammelt. Im Zentrum des Bildes, über die Linie der Köpfe herausgehoben, befindet sich eine Porträtbüste. Der Vortragende, deutlich durch die rote Kleidung und Pose im linken Bildteil hervorgehoben, hält Papiere in der linken Hand und sucht Blickkontakt vor allem mit der rechts im Bild platzierten Gruppe. Die versammelten Personen zeigen durch unterschiedliche Körperhaltung differenziertes Interesse am Vortrag. Deutlich wird dieser Unterschied im Vergleich der linken, beleibten, desinteressiert aus dem „Bild blickenden" und aufwändig gekleideten Figur mit der rechten Figurengruppe. Männer und Frauen, eine größere Anzahl, folgen aufmerksam, nachdenklich und teilweise sich austauschend dem Vortrag.

M 2, S. 14f.
Die Schichtung der französischen Gesellschaft vor der Revolution

Die Angaben zur Schichtung der französischen Gesellschaft des Ancien Régime sind aus verschiedenen Quellen zusammengestellt und durch unterschiedliche wissenschaftliche Verfahren ermittelt worden.

Zu Aufgabe 1, S. 15

- In einem an die Ständepyramide angelehnten Dreieck kann – nichtmaßstäblich – der Umfang der drei Stände des Ancien Régime dargestellt werden. In jeder Fläche – die einem Stand zugeordnet ist – sind die absolute Bevölkerungszahl und der Prozentwert im Verhältnis zur Gesamtbevölkerung Frankreichs enthalten. Die soziale Gliederung innerhalb der Stände kann durch farbliche oder andere grafische Darstellungsweise sichtbar gemacht werden. Die ständischen Privilegien und Pflichten können links und rechts außerhalb des Dreiecks dem jeweiligen Stand zugeordnet werden.
- Statt eines Dreiecks ist auch ein die Stände symbolisierendes Figurendiagramm mit entsprechenden Angaben zu Anzahl, Gliederung, Privilegien und Pflichten möglich.
- Es bietet sich auch ein Kreisdiagramm als Lösung an. Dabei lassen sich bestimmte Elemente sozialer Differenzierung und Übergänge besser darstellen.

Die zweite und dritte Variante können die Schülerinnen und Schüler günstig und fachübergreifend als computergenerierte Produkte herstellen.

M 3, S. 15
Die Spinne und die Fliege, Allegorie, französischer Kupferstich, 1789

Zum Bild: Beim Kupferstich werden Zeichnung und Schrift mit einem Grabstichel manuell in eine polierte Kupferplatte gestochen. Diese Platte dient als Druckform für den Tiefdruck. So konnten Druckgrafiken in großen Auflagen hergestellt und damit auf anschauliche Weise vor und während der Französischen Revolution Ereignisse und Diskussionen verbreitet und kommentiert werden. Die relativ preisgünstigen Kupferstiche konnten auch ärmere Leute erwerben. Im vorliegenden Beispiel ist links unten ein Preis von 4 Sou ausgewiesen.
Durch die Kombination von Bild und Text wurden auch die Leseunkundigen – etwa zwei Drittel der französischen Bevölkerung waren Analphabeten – erreicht. Eine elementare Politisierung der Bevölkerung wurde bewirkt und abstrakte Begriffe konnten veranschaulicht werden.
Die unter einer Spinne und Fliege dargestellte Abgabe von landwirtschaftlichen Erzeugnissen und Geld durch einen Bauern an einen Grundherrn steht für das Verhältnis der Bauern zum Adel.

M 4, S. 16
Entwicklung der Einnahmen und Ausgaben des französischen Haushalts 1520–1780

Dieses aus nicht näher benannten Quellen zusammengestellte Flächendiagramm stellt die Einnahme- und Ausgabeseite des französischen Haushalts in absoluten Zahlen (Tonnen Silber) dar. Neben relativ geringen Überschüssen zwischen 1520 und 1570 sowie um 1670 – Colbert ist Finanzminister – ist eine zyklische Zunahme des Defizits sichtbar. Die Ausgabenspitzen um 1710 liegen in der Zeit des Spanischen Erbfolgekrieges – Frankreich kämpft gegen die „Große Allianz", bestehend aus England, Holland, dem Kaiser des Heiligen Römischen Reiches Deutscher Nation, Preußen, Savoyen und Portugal. Die zweite Ausgabenspitze um 1760 liegt in der Zeit des Siebenjährigen Krieges in Europa und der Kriege zwischen Großbritannien und Frankreich um die koloniale Vorherrschaft in Nordamerika und Indien. Neben den Ausgaben für Militär und Krieg waren der Schuldendienst und die Kosten für die Hofhaltung entscheidende Ausgabengrößen.

M 5, S. 16
Finanzhaushalt Frankreichs für 1788

Das Haushaltsdefizit des französischen Staates nahm rasant zu, der Staatsbankrott drohte. 1786 informierte der Generalkontrolleur der Finanzen Charles Alexandre de Calonne den König vom bevorstehenden Staatsbankrott. Er schlug umfassende Reformen des Steuersystems und der Verwaltung vor, die von einer zum 27. Februar 1787 einberufenen Notabelnversammlung bestätigt werden sollten. Die Versammlung verweigerte die Zustimmung zu den Reformplänen und Calonne wurde vom König entlassen. Als Nachfolger löste Loménie de Brienne am 25. Mai 1787 die Notabelnversammlung auf. Er versuchte mit der Veröffentlichung der – sicherlich geschönten – Zahlen sowohl Adel als auch den Dritten Stand für Reformen zu öffnen. Mit der öffentlichen Rechenschaft des Staates über seine Finanzen wurde eine absolutistische Grundposition aufgegeben.

Struktur der Ausgaben (in Prozent, gerundet):
- Schuldendienst 49,6 %
- Militärausgaben 26,7 %
- Zivilausgaben 23,7 %

Innerhalb der Zivilausgaben war der Ausgabeposten für den königlichen Hof und die Privilegierten der größte Einzelposten mit ca. 5,7 % der gesamten Staatsausgaben.

Zu den Einnahmen:
- Die direkten Steuern wurden ausschließlich vom Dritten Stand gezahlt, Geistlichkeit und Adel waren davon befreit.
- Die indirekten Steuern wurden gegen Zahlung einer festen Pacht an den Staat von Steuerpächtern selbstständig eingezogen.
- Die Einnahmen aus Monopolen und industriellen Unternehmen waren der kleinste Einnahmeposten.

Der Finanzhaushalt Frankreichs wies 1788 ein Minus von 125.982.133 livres tournois auf, d. h., die Einnahmen lagen ca. 20 Prozent unter den Ausgaben.

M 6, S. 17
Auszüge aus Werken Jacques Neckers

Zur Person: Jacques Necker, geboren am 30. September 1732 in Genf, war ein Schweizer Bankier und von 1777 bis 1781 sowie von 1788 bis 1790 Finanzminister Frankreichs.

Er wollte den defizitären Staatshaushalt durch Anleihen, die von reichen Bürgern gezeichnet werden sollten, decken. Dazu mussten politische Anreize für die Besitzbürger aus dem Dritten Stand geschaffen werden, die einen realen Machtverlust für den König bedeutet hätten. Ein erster Schritt in diese Richtung war 1781 die Veröffentlichung eines Rechenschaftsberichts über die Lage der französischen Staatsfinanzen (compte rendu).

Daraufhin wurde Necker vom König aus seinem Amt entlassen, 1788 – mit Verschärfung der Finanzkrise – erneut zum Finanzminister berufen und am 11. Juli 1789 abermals entlassen. Diese Entlassung war ein Anlass für die Ereignisse am 14. Juli in Paris. Am 18. September 1790 legte er sein Ministeramt nieder und zog sich nach Genf zurück.

M 6a, S. 17
Deckung des staatlichen Geldbedarfs

Zur Quelle: Jacques Necker setzt in dem Text die zwei Wege der Finanzierung der Staatsausgaben über Steuererhöhung oder Kreditaufnahme faktisch gleich. Die Entscheidung für den einen oder anderen Weg wird einerseits politisch „moralisch" und andererseits von der Größe des Finanzbedarfs des Staates bestimmt.

M 6b, S. 17
Hofhaltung und Finanzbedarf

Zur Quelle: Jacques Necker bezieht sich in diesem Text auf die beträchtlichen Ausgaben für die Brüder des Königs – die Prinzen. Dabei bezieht er sich auf das „Rote Buch", ein Verzeichnis der ausgezahlten Pensionen an den Hofadel: „Am 1. Dezember 1789 setzte Herr Le Camus* [sic!] die Nationalversammlung von der Existenz des roten Buches in Kenntnis. Es ist ein sehr schönes, in Saffianleder gebundenes Register mit Goldschnitt ..."
Er greift auf seine Kritik während seiner ersten Amtszeit als Minister zurück und deutet, ohne den Namen ausdrücklich zu nennen, die Rolle von Marie-Antoinette bei seiner Entlassung an. Daraus leitet er das Gewicht seiner kritischen Beurteilung der verschwenderischen Hofhaltung und der politischen Unfähigkeit der Prinzen ab. Diese Kritik ist aber in eine Ludwig XVI. („... unter dem verstorbenen König [gemeint ist Ludwig XV.] einen außerordentlich extravaganten und teuren Hof unterhielten ...") und die Prinzen („... man noch über keine Menschenkenntnis verfügt ...") entlastende Sprache gehüllt. Grundsätzlich werden die Ausgaben für die Hofhaltung nicht infrage gestellt; es werden nur die die Einnahmen überschreitenden Ausgaben kritisiert.

* *Armand-Gaston Camus (1740–1804), Anwalt, bei den Generalständen Abgeordneter von Paris, erster Archivar der Assemblée nationale, spielte auch in der Convention und dem Wohlfahrtsausschuss eine politische Rolle. (Zit. nach: Die Französische Revolution. Ein Lesebuch mit zeitgenössischen Berichten und Dokumenten, Stuttgart [Reclams Universal-Bibliothek Nr. 8535] 1989, S. 45)*

M 7, S. 17
Austernfrühstück, Gemälde von J. F. de Troy (1679–1752), Ausschnitt

Zum Bild: Der Bildausschnitt zeigt eine gut gelaunte Herrenrunde beim Genuss von Austern und Wein bzw. Champagner. Im Mittelpunkt des Bildes serviert ein Bediensteter, deutlich durch seine schlichte Kleidung abgehoben, ein neues Tablett mit Austern. Die Bekleidung der übrigen Runde weist auf ihre Wohlhabenheit, aber auch auf Standesunterschiede hin. Im Vordergrund ist ein Eiskübel mit Sekt- bzw. Weinflaschen zu erkennen.
Ursprünglich galten Austern eher als ein einfaches Nahrungsmittel für Küstenbewohner. Mit ihrer Verknappung und der ihnen zugeschriebenen aphrodisischen Wirkung wurden sie zunehmend zu einer Delikatesse der noblen Gesellschaft.

M 8, S. 17
Forderungen des Adels vor 1789

Zu den Quellen: Die zentralen Aussagen der beiden Texte lauten:
- Erhalt der Steuerfreiheit und der persönlichen Vorrechte des Adels,
- Monarchie und unterschiedliche Stände sind gottgewollt,
- Standesunterschiede sind naturgegeben,
- Ende der Vorherrschaft des Adels bedeutet allgemeines Chaos, Untergang jeglicher Ordnung.

Beide Texte zeigen die Selbstüberschätzung und Reformunwilligkeit des Adels.

M 9, S. 18
Lässt sich Frankreich reformieren?

Zur Person: Charles Alexandre de Calonne war von 1783 bis 1787 französischer Finanzminister und nach 1790 einer der führenden Emigranten. Aufgrund der immensen Schuldenlast durch die französische Beteiligung am amerikanischen Unabhängigkeitskrieg nahm Calonne einerseits, wie sein Vorgänger Necker, neue Anleihen auf und versuchte andererseits durch moderate Veränderungen des Steuersystems den Adel an den Staatskosten zu beteiligen.
Zur Quelle: Calonne leitet den Reformbedarf aus folgenden Missständen im französischen Königreich ab:
- Unterschiede in der Verwaltung der Provinzen,
- Unterschiede in der Eigenständigkeit der Provinzen,
- unterschiedliche Belastung der Provinzen durch Steuern und Abgaben,
- mangelnde Verflechtung der Provinzen,
- mangelhafte und unterschiedliche Durchsetzung königlicher Gesetze im Land,
- ungerechte Verteilung der Steuerlasten.

Calonne orientiert auf eine Stärkung der königlichen Macht, auf mehr Zentralismus, auf Gleichstellung der Provinzen und eine gleichmäßigere Verteilung der Steuerlast. Durch die Beteiligung der „reichsten Klasse" (er spricht nicht vom Adel) an den finanziellen Lasten und eine gewisse Einschränkung der Privilegien will er soziales Gleichgewicht herstellen.

Zu Aufgabe 2, S. 18

Siehe Erläuterungen zu M 3 bis M 9.
Methodisch-didaktischer Hinweis: (Siehe Arbeitsblatt ZM 2.1 auf der nächsten Seite.) Durch die Verknüp-

Zusatzmaterial ZM 2.1	Arbeitsblatt: Ursachen der Revolution

Ursachen der Revolution – Aspekte

Bäuerliches Leben	
Finanzkrise	
– Ausgabenpolitik	
– Steuerlast	
– Lebensweise des Hofes und des Adels	
Reformkräfte und ihre Vorstellungen	
Reformgegner und ihre Vorstellungen	

fung innerer und äußerer Faktoren wird die Systemkrise des Ancien Régime am Vorabend der Revolution sichtbar.

Zu Aufgabe 3, S. 18

Siehe Erläuterungen zu M 3 bis M 9.

Methodisch-didaktischer Hinweis: Reform oder Revolution? Die Diskussion dieser Frage auf der Basis der vorliegenden Quellen und nicht aus den späteren Ereignissen sollte im Zentrum der Hypothesenbildung stehen. Dabei können Vergleiche zu anderen frühneuzeitlichen Revolutionen angestellt werden.

M 10 a, b und c, S. 18 f.
Die Aufklärung – eine Revolution des Wissens?

Siehe im Begriffslexikon „Aufklärung", S. 151, und „Enzyklopädie", S. 152.

Denis Diderot wurde am 5. Oktober 1713 in einer gut situierten Handwerkerfamilie in der Champagne geboren. Mit zehn Jahren besuchte er ein Jesuitenkolleg, versuchte danach eine Handwerkerausbildung und eine theologische Karriere.

Er zog nach Paris und schloss 1735 sein Studium der Religionswissenschaften an der Sorbonne ab. Es folgten Jahre materieller Not, verbunden mit Tätigkeiten als Privatlehrer, Auftragsschriftsteller und Übersetzer. Während dieser Zeit begann eine enge Freundschaft mit Jean-Jacques Rousseau, die 1750 jäh endete, und sein Kontakt zu Pariser Intellektuellen.

1746 fasste er gemeinsam mit d'Alembert den Plan, die Enzyklopädie herauszugeben, die zu seinem Lebenswerk wurde – 1751 erschien der erste Band. Diderot verfasste viele seiner kritischen Texte anonym, um seine Person zu schützen. Seine atheistische Haltung führte zu einer mehrmonatigen Haftstrafe. Neben seiner Herausgeberrolle wirkte er als Philosoph, Kunstkritiker und Literat.

Diderot gehört zu den großen universalen Denkern der europäischen Aufklärung.

M 10 d, S. 19
Diderot über Autorität

Zum Autor: siehe Erläuterungen zu M 10 a bis c.

Zur Quelle: Anhand von M 10 d lassen sich typische Merkmale aufklärerischen Denkens (Menschenbild; politische Ansichten) erarbeiten:

1. Naturrechts-Bezug (Z. 1 f.): Der Mensch ist von Natur aus frei („Freiheit als Geschenk des Himmels").

2. Vernunft-Bezug: der Mensch als ein mit Vernunft begabtes Wesen. Der einschränkende Satz, „sobald (das Individuum) Vernunft besitzt", könnte dahingehend interpretiert werden, dass nach Diderot bei Kindern und Heranwachsenden der Vernunftgebrauch noch von Natur aus Einschränkungen unterliegt.

3. Kritische Haltung zu Autoritäten: Für Diderot gibt es keine natürliche Autorität; Ausnahme ist für ihn die „väterliche Autorität", der aber von der Natur Grenzen vorgegeben sind: sie hört auf, wenn die Kinder erwachsen sind („sich selbst leiten" können).

In seinen Darlegungen zur Autorität im Staat unterscheidet Diderot zwei grundlegende Arten, durch die Autorität erlangt werden kann:

a) Autorität durch Recht des Stärkeren,

b) legitime Autorität; sie ist rechtmäßig, wenn sie „durch einen Vertrag" übertragen wurde. Legitime Autorität, so Diderot weiter, bedeute immer eingeschränkte Autorität. Diese Einschränkung darf der Herrscher auch nie im Namen der ihm übertragenen Autorität aufheben („Autorität nie anwenden, um die Urkunde oder den Vertrag aufzuheben").

4. Diderot ist Anhänger der Volkssouveränität („Regierung ... ist kein privates Gut, sondern ein öffentliches"; es „gehört" „allein" dem „Volk"; „der Staat gehört nicht dem Fürsten, sondern der Fürst dem Staat").

Kritische Anmerkungen/Diskussionsanregungen zum Menschenbild:

(Punkt 3) Hier könnte von den Schülerinnen und Schülern kritisch angemerkt werden, dass es bei Vertretern der Aufklärung offensichtlich geschlechterspezifische Einschränkungen im Vernunft- und Naturrechtsverständnis gab. Was die „väterliche Autorität" kennzeichnet, bleibt offen; von mütterlicher Autorität wird nicht gesprochen.

Kritische Anmerkungen/Diskussionsanregungen zu den politischen Ansichten:

(Punkt 3 b) Weiterführender Gedanke zur modernen Demokratie: Mit den Schülerinnen und Schülern könnte an dieser Stelle herausgearbeitet werden, dass Parteien, die die Demokratie benutzen wollen, um selbige abzuschaffen, unrechtmäßig sind. Die Freiheit in der Demokratie findet dort ihre Grenzen, wo sie dazu benutzt wird, die Demokratie abzu-

schaffen (historisches Beispiel: NSDAP; aktuelles Beispiel: Debatte um NPD-Verbot).
Zu Punkt 4: Die Monarchie bleibt für Diderot weiterhin eine mögliche Regierungsform (wenn sie denn durch die Autorität des Volkes legitimiert ist). Hier wird deutlich, dass nicht alle Anhänger der Aufklärung auch Anhänger der Republik waren (so z.B. Voltaire).

M 11, S. 20
Immanuel Kant, Beantwortung der Frage: Was ist Aufklärung? (1783)

Siehe im Begriffslexikon „Aufklärung", S. 151.
Immanuel Kant wurde am 22. April 1724 in Königsberg als Sohn eines Sattlers geboren. Er besuchte das Collegium Fridericianum in Königsberg. Fast sein ganzes Leben war mit Königsberg verbunden: Er studierte dort Philosophie, Mathematik und Naturwissenschaften, war dann als Hauslehrer, später als Bibliothekar und Professor für Metaphysik und Logik an der dortigen Universität tätig. 1803 erkrankte er schwer und starb am 12. Februar 1804 in Königsberg.
Kant ist als ein universal gebildeter und lehrender Intellektueller ein führender Vertreter der Aufklärung in Deutschland mit europäischer Ausstrahlung. Zentrales Element seiner Philosophie ist die Vernunftsauffassung, d.h., die Vernunft hat die Vorherrschaft über das Wirkliche. In seinen Veröffentlichungen zur Vernunft („Kritik der reinen Vernunft", „Kritik der praktischen Vernunft", „Kritik der Urteilskraft") formuliert er die regulative Funktion von Ideen. Er beschreibt die **Vernunft** als höchste und letzte Autorität der Moral. Seine Erkenntnis über das Zusammenspiel von Sinneseindrücken und begrifflichem Denken ist schließlich auch das Fundament für seine Antwort auf die Frage: Was ist Aufklärung?

Zu Aufgabe 4 bis 7, S. 20

Siehe Erläuterungen zu M 10 und M 11.

M 12a, S. 20 ff.
Keine politische Freiheit ohne Gewaltentrennung

Siehe im Begriffslexikon „Gewaltenteilung", S. 152.
Der 1689 geborene Charles-Louis de Secondat, Baron de la Brède et de Montesquieu entstammte eigentlich jenem Adel, dem die Aufklärer den Kampf angesagt hatten. So galt er in der Französischen Revolution als Reaktionär, weshalb man sein Grab zerstörte, weil er mit seinem Projekt der Gewaltenteilung dem jakobinischen Programm der ungeteilten Volkssouveränität (Rousseau) entgegenstand. War er ein Konservativer oder ein Vorkämpfer des Fortschritts? Wollte er als Aristokrat die politische Mitsprache des Adels in Frankreich reaktivieren oder als Demokrat die absolutistische Monarchie bekämpfen? In seiner politischen Philosophie finden sich sowohl konservative als auch liberale Bestandteile. Es haben sich nicht nur die amerikanischen Verfassungsväter intensiv von ihm inspirieren lassen.
Standesgemäß erzogen, wurde er nach dem Jurastudium in Paris mit 25 bereits Richter bzw. Präsident am Gericht in Bordeaux (Parlament). Da sein Interesse für die Wissenschaft und die schönen Künste überwog, gab er 1725 sein Amt auf, zog nach Paris und unternahm zahlreiche Reisen nach Italien, Deutschland, Holland und England. Seit 1728 Mitglied der Académie française, legte er sich für seine Studien auf seinem Landsitz Schloss La Bréde eine Bibliothek von über dreitausend Bänden an.
Er übte in seinen „Persischen Briefen" von 1721 unter der Maske des Blicks von außen Kritik an den französischen Zuständen und äußerte sich despektierlich über Herrschaftsträger wie Adel, Papst und Ludwig XIV. Diese literarische Strategie, philosophische und politische Themen in Romanform abzuhandeln, findet sich wieder bei Rousseaus „Émile" und Voltaires „Candide".
In seinem 1748 veröffentlichten zweibändigen Hauptwerk „Über den Geist der Gesetze"/„De l'esprit des lois" bricht er mit dem Modell einer in der politischen Philosophie von der Antike bis zum Barock vorherrschenden idealen Polis. Montesquieu kennt drei Verfassungsgrundtypen, denen er eine bestimmte anthropologische Grunddisposition zuordnet. So herrscht in der Republik die Tugend, in der Monarchie die Ehre, in der Despotie die Furcht.
Seinen kulturrelativistischen Ansatz durchbricht er, wenn er im Lauf seines Werkes verrät, dass er die englische Variante der parlamentarischen Monarchie für optimal hält: Das dort umgesetzte Modell der Gewaltenteilung zwischen Legislative und Exekutive bewahre die Freiheit des Einzelnen am besten vor staatlicher Gewalt.
Montesquieu erweitert hier John Lockes Lehre von den zwei Gewalten, indem er sie um die Judikative als dritte Gewalt erweitert. Um die Republik vor dem Abgleiten in die Pöbelherrschaft und die Monarchie vor Despotismus zu bewahren, regt er ein Zweikam-

merparlament mit einem aristokratischen Oberhaus an.
Mit 66 Jahren erlag er am 10. Februar 1755 einer Grippewelle. Der Herausgeber der „Enzyklopädie" Denis Diderot entschied sich bei Montesquieus Beerdigung für die Vergilworte: „Am hohen Himmel suchte er das Licht und seufzte nur, als er es fand." Auch Diderot war sich nicht sicher, ob der Verblichene der Partei der Aufklärer vorbehaltlos zuzurechnen sei.

M 12b, S. 21
Moderne Karikatur zum Thema Gewaltenteilung

Methodisch-didaktischer Hinweis: Eine Perspektive bei der Betrachtung der Karikatur ist die Kritik des Zeichners am pervertierten Begriff der Gewaltenteilung. Als Gewaltsymbol wird hier der (Gummi-)Knüppel in der Hand des Königs zum „leuchtenden" Zepter und in den Händen der beiden Schergen zur Bedrohung. So wird „Gewalt" nur noch zwischen dem herrschenden Befehlsgeber und seinen ausführenden Bütteln „geteilt".
Unbedingt sind bei der Betrachtung der Karikatur die unterschiedlichen Sichten der Schülerinnen und Schüler herauszufordern.

Zu Aufgabe 8, S. 22
Siehe Erläuterungen zu M 12.

Zu Aufgabe 9, S. 22
Siehe Erläuterungen zu M 12.

M 13, S. 22f.
Rousseau über die Grundlagen der Staats- und Gesellschaftsordnung

Jean-Jacques Rousseau wurde am 28. Juni 1712 in einer calvinistischen Uhrmacherfamilie in Genf geboren. Die Mutter starb kurz nach seiner Geburt und seine Tante nahm deren Platz ein. Sie beeinflusste mit ihrer warmherzigen und sanften Art den kleinen Jungen nachhaltig. Er war ein sehr wissbegieriges und lerneifriges Kind, schon sehr früh konnte er lesen. Nach einer konfliktreichen Kindheit und Jugend betrieb er während seiner Wanderjahre autodidaktische Studien, er musizierte, zeichnete und führte chemische und medizinische Experimente durch. Er las viel und intensiv, so u. a. Cicero, Descartes, Hobbes, Leibniz, Locke, Machiavelli, Newton, Plato und Voltaire.
In Lyon arbeitete er als Erzieher und formulierte erste Überlegungen zu Fragen der **Erziehung**. 1742 zog er nach Paris, wurde Musiklehrer und später Sekretär des französischen Botschafters in Venedig.
Nach seiner Rückkehr nach Paris lernte er Diderot kennen und eine Freundschaft entstand. Er wurde von Diderot zur Mitarbeit an der Enzyklopädie eingeladen, schuf verschiedene musikalische Werke.
Nach 1755 zog sich Rousseau immer mehr zurück. Er lebte in selbst gewählter Armut und in zunehmender Spannung mit seiner Umgebung. Er verließ Paris und zog sich nach Montmorency zurück. Dort entstanden zwischen 1756 und 1762 seine Hauptwerke, literarische Schriften und theoretische Abhandlungen. 1762 entstand sein berühmter Text vom Gesellschaftsvertrag „Du contrat social ou principes du droit politique". Darin vertritt er die Theorie, dass der Staat als politische Organisation auf dem Gesellschaftsvertrag beruht, der von den Bürgern freiwillig eingegangen wurde. Dabei unterwirft sich der mündige Bürger freiwillig dem idealen Gemeinschaftswillen, ohne seine persönliche Freiheit aufzugeben. Sein politisches Modell einer Gesellschaft wirkt über die **Französische Revolution bis in die Gegenwart**.
Mit seinem einflussreichen Erziehungsroman „Émile oder Über die Erziehung" geriet Rousseau mit der Obrigkeit in Konflikt und floh über Preußen nach England. Er plädierte für die **freie Entfaltung der Persönlichkeit des Kindes** und beeinflusste damit **Erziehungstheorien** bis in die Gegenwart.
Er kehrte 1768 nach Frankreich zurück, inzwischen psychisch erkrankt, und rechnete in seinem autobiografischen Werk „Bekenntnisse" schonungslos mit seinem Leben ab.
Am 2. Juli 1778 starb Rousseau in der Nähe von Paris.

Zu Aufgabe 10, S. 23
Siehe Erläuterungen zu M 13.

Zu Aufgabe 11, S. 23
Siehe Erläuterungen zu M 13.

Zu Aufgabe 12, S. 23
Methodisch-didaktischer Hinweis: Für den Vergleich können den Schülerinnen und Schülern folgende Impulsfragen gegeben werden:
– Welche Gesellschaftstheorie wird vertreten?

- Welches Menschenbild dominiert?
- Welche Hauptaufgaben werden dem Staat zugeschrieben?
- Wie wird das Verhältnis Individuum–Staat beschrieben?
- Wie ist das Verhältnis zur Gewaltenteilung?
- Welche Rolle wird der Erziehung beigemessen?

M 14, S. 24
Voltaire über Aberglaube und Fanatismus

Zum Autor: siehe Personenlexikon, S. 157, und Darstellung, S. 11.
Zur Quelle: Der Text weist Voltaire als einen Religionskritiker aus. Die Religionskritik war eines der Lieblingsthemen von Voltaire, das er in seinen scharfsinnigen – und häufig auch spöttischen – Werken (Gedichte, Dramen, Epen, Romane, Erzählungen) immer wieder verarbeitet hat. Die ablehnende Haltung insbesondere gegenüber den christlichen Kirchen ist typisch für den Aufklärer Voltaire. Religionen sind für Voltaire eine der Ursachen für Fanatismus und mithin für Gewalt. Als Beispiele verweist er auf die Kreuzzüge und die Eroberung Amerikas. Allerdings heißt für Voltaire die Alternative nicht „Atheismus oder Glaube", sondern „vernünftiger Glaube oder Fanatismus". Voltaire ist Deist, d. h., er anerkennt ein höchstes Wesen, dem man Verehrung schuldet.
Aberglaube (i. S. v. nicht vernünftiger Glaube) ist für Voltaire eine der Wurzeln des Fanatismus. Darüber hinaus entsteht für ihn Fanatismus aber auch dann, wenn Gesetze unkritisch von einer Gesellschaft auf andere übertragen werden.
Diskussionsanregungen/Gegenwartsbezüge:
1. Schülerinnen und Schüler könnten über religiöse bzw. nichtreligiöse Grundlagen des islamistischen Terrorismus der Gegenwart diskutieren.
2. Im Zusammenhang mit dem Voltairetext könnte auch über das Thema „Demokratie"-Export diskutiert werden (z. B. in Gesellschaften, die stark von Stammes- und Clanstrukturen oder von vormodernen Religionsauffassungen geprägt sind).

Zu Aufgabe 13, S. 24

Siehe die Erläuterungen zu M 14.

Zu Aufgabe 14, S. 24

Siehe die Erläuterungen zu M 14.

Zu Aufgabe 15, S. 24
Politische Vorstellungen Voltaires – Abgrenzung zu Rousseau

1. Republik oder Monarchie? Zum einen sollte deutlich werden, dass Voltaire kein Anhänger der Republik war, sondern Anhänger der Monarchie, allerdings in der Variante des aufgeklärten Fürsten. Seine positive Haltung zur Herrschaft Ludwigs XIV. – auch sein gutes (wenn auch später getrübtes) Verhältnis zu Friedrich II., bei dem er von 1750–1752 in Potsdam zu Gast war – kann dies verdeutlichen. Darin grenzt er sich von Rousseau, einem Anhänger der Republik, ab.
2. Gleichheit oder Ungleichheit der Menschen? Wie aus den Artikeln „Eigentum" und „Gleichheit" hervorgeht, die er in seinem „Philosophischen Taschenwörterbuch" veröffentlicht hat, hielt er an der Überzeugung fest, dass Gleichheit natürlich, aber illusorisch sei. Angesichts der menschlichen Bedürfnisnatur auf einer Erde des Mangels schien ihm die Ungleichheit des Besitzes unvermeidlich. Rousseau hingegen wollte die bürgerliche Gleichheit aller Menschen radikal verwirklichen.
3. Zur Einordnung der historischen Werke Voltaires in sein Gesamtwerk siehe: *Christoph Helferich, Geschichte der Philosophie, 3. Aufl., München (dtv) 1999 (© J. B. Metzlersche Verlagsbuchhandlung und Carl Ernst Poeschel Verlag), S. 213:* „Voltaire hat drei große Geschichtswerke geschrieben: Den *Versuch über die Sitten und den Geist der Nationen,* die *Geschichte Karls XII.* (von Schweden) und *Das Zeitalter Ludwigs XIV.* Neu ist hier schon die Weite des Gesichtsfelds. Durch die ausführliche Einbeziehung der Kulturen des Fernen Ostens und ihrer Religionen verlässt er den Rahmen der auf Europa und das Christentum beschränkten Betrachtungsweise. Gerade diese Universalität – und damit Relativierung des herkömmlichen sog. christozentrischen Rahmens – erregte Anstoß. Welchen Eindruck sie auf offene Geister machte, zeigt eine Äußerung des deutschen Aufklärers F. Nicolai aus dem Jahre 1772: ‚Die allgemeine Historie der Welt war bis auf ihn Lebensgeschichte der Regenten; er machte sie zuerst zur Geschichte der Menschen. Er setzte an die Stelle des eines Monarchen die ganze Nation und nach ihr die ganze gesittete Welt.' Damit ist Voltaires Absicht getroffen. Ihn interessiert vor allem, über welche Stufen die Menschen vom Zustand der Barbarei in die Zivilisation übergingen'. Anders ausgedrückt: ob im Verlauf der Geschichte ein Fortschritt erkennbar ist. Das erfordert eine neue, denkende Betrachtungsweise,

wie sie in dem von Voltaire geprägten Begriff ‚Philosophie der Geschichte' zum Ausdruck kommt. Damit wird zugleich der Stellenwert der Geschichtsschreibung innerhalb von Voltaires Schaffen erkennbar."

M 15, S. 25
Die Unabhängigkeitserklärung von 1776

Im Jahre 1776 vollzog sich in den nordamerikanischen Kolonien der entscheidende Sinneswandel. Dabei spielte Thomas Paines (1737–1809) Streitschrift „Common Sense" eine wichtige Rolle: So erklärte Paine die Forderung, die „unnatürliche" und unhaltbar gewordene staatliche Verbindung mit England aufzulösen, zu einem Gebot des „gesunden Menschenverstandes". Im Mai 1776 empfahl der Kontinentalkongress allen Kolonien, sich neue Verfassungen und Regierungen gemäß dem Prinzip der Volkssouveränität zu geben. Nach dem Vorstoß Virginias, die Unabhängigkeit von England zu erklären, ernannte der Kongress einen Ausschuss, dem u. a. Thomas Jefferson, John Adams und Benjamin Franklin angehörten, und übertrug ihm die Aufgabe, eine Erklärung auszuarbeiten, die die Gründe für die Unabhängigkeit von England darlegen sollte. Nach intensiven Verhandlungen wurde die Erklärung am 4. Juli 1776 vom Kongress angenommen. Nachdem die gesetzgebenden Körperschaften der 13 Kolonien Stellung genommen hatten, wurde das Dokument am 2. August unterzeichnet.

Zu Aufgabe 16, S. 25

Siehe Erläuterungen zu Aufgabe 12, S. 23.

M 16, S. 25 f.
Adam Smith: Über die Gesetze des Reichtums, 1776

Adam Smith, am 5. Juni 1723 geboren, besuchte die Burgh School von Kirkcaldy und danach das College in Glasgow. 1740 ging er nach Oxford und studierte dort sechs Jahre.

1748 bekam er am College in Glasgow eine **Dozentenstelle** und wurde 1750 zum **Professor** ernannt. In Edinburgh lernte er David Hume kennen und blieb ihm lebenslang freundschaftlich verbunden. Dieser Kontakt beförderte Smiths Interesse an der Ökonomie und 1759 erschien seine „Theorie der ethischen Gefühle".

1743 führte ihn eine zweieinhalbjährige **Bildungsreise** bis nach Südfrankreich und brachte ihn in Kontakt mit Diderot, D'Alembert, Quesnay, Turgot und Voltaire. Größeren Einfluss auf Smith hatte die Bekanntschaft mit Quesnay – Arzt, Naturforscher und Ökonom. Als Ökonom war er Physiokrat und betrachtete den landwirtschaftlich genutzten Boden als Quelle allen Reichtums. Smith kritisierte zwar die Einseitigkeit der Betrachtung, fand sie aber am plausibelsten, da „der Wohlstand der Nationen nicht in unkonsumierbaren Vorräten an Geld, sondern in Verbrauchsgütern besteht, die aufgrund der Arbeit der Menschen" jährlich reproduziert werden müssen.

1766 kehrte er nach England zurück und schrieb sein bedeutendstes Werk, „Eine Untersuchung über die Natur und Ursachen des Wohlstandes der Nationen". Im Mittelpunkt stehen Markt, Preis und Arbeitsteilung. Bis heute ist seine Wirtschaftstheorie das Kernstück der **Marktwirtschaftslehre** geblieben. Er formuliert: „Die jährliche Arbeit eines Volkes ist die Quelle, aus der es ursprünglich mit allen notwendigen und angenehmen Dingen des Lebens versorgt wird ..." Durch die Arbeitsteilung sind die Menschen voneinander abhängig. Sie müssen, um leben zu können, Waren zu bestimmten Preisen kaufen und verkaufen. Im Preis drückt sich der Tauschwert einer Ware aus, d. h. ihr wirklicher Preis, um den herum der Marktpreis pendelt. Die Größe des **Tauschwertes** wird nach Smith durch die „Menge der Arbeit" zur Herstellung einer Ware bestimmt. Er unterteilt den Wert der Arbeit nach Lohn für den Arbeiter, Gewinn für den Unternehmer und Rente für den Eigentümer des Bodens. Für Smith war das Streben der Unternehmer nach Profit unabdingbare Voraussetzung für eine funktionierende kapitalistische Wirtschaft. Seine Theorie beeinflusste später wesentlich die Kapitalismus-Analyse von **Karl Marx**. 1778 wurde Smith **oberster Zollbeamter** in Edinburgh und lebte dort bis zu seinem Tod am 16. Juli 1790.

Zu Aufgabe 17, S. 26

Siehe Erläuterungen zu M 16.

Zu Aufgabe 18, S. 26
Siehe Tafelanschrieb rechts.

M 17, S. 26 f.
Politischer Katechismus für den „kleinen" Mann

Zur Quelle: Mit der Metapher vom Dritten Stand als schwachem und unwissendem Kind wird in einem Frage-Antwort-Raster lehrbuchhaft politische Propaganda betrieben:
Die Leistungen des Dritten Standes werden benannt und den unzureichenden Gegenleistungen gegenübergestellt. Dagegen werden die Vorrechte und viel zu geringen Abgaben des Ersten und Zweiten Standes aufgeführt. Die Abgabenlast des Dritten Standes beläuft sich im Durchschnitt auf ca. 33 Prozent seines Einkommens, die des Ersten und Zweiten Standes auf ca. 5 Prozent der Einkünfte.

M 18, S. 26
Die Zahl der „Journale" 1600–1780

„Journale", ursprünglich ausschließlich Blätter zur Verbreitung von Nachrichten, werden zu „Botschaftern" der Aufklärung, unabhängig von ihren konkreten Inhalten und Positionen. In der zweiten Hälfte des 18. Jahrhunderts sind sie ein wesentliches Element der bürgerlichen Öffentlichkeit. Mit den „Journalen" wird das Informationsmonopol des Ancien Régime zunehmend durchbrochen, die Zensur versucht diesen Prozess aufzuhalten. Neue Wertvorstellungen werden entworfen und verbreitet, das gedruckte Wort spielt dabei eine wesentliche Rolle. Wachsender Bedarf nach Information und Bildung machen „Journale" auch zu profitablen Druckerzeugnissen. Marktwirtschaftliche Zusammenhänge setzen sich in der französischen Presselandschaft durch.
Am Vorabend der Revolution konnte etwa ein Drittel der französischen Bevölkerung lesen und schreiben: in den Städten mehr als auf dem Land, Reiche mehr als Arme, Männer mehr als Frauen.
Die regelmäßigen Leser waren also eine Minderheit, ihre gesellschaftliche und kulturelle Rolle bedeutend. Denn dieser zunächst noch kleine Teil neuer Leser verursachte bald folgenreiche kulturelle und auch politische Kettenreaktionen.

TAFELANSCHRIEB

Unterschiede zwischen Merkantilismus und klassischem Wirtschaftsliberalismus

Merkantilismus		Wirtschaftsliberalismus
Gewerbe wird staatlich gefördert	Gewerbepolitik	Staat schafft nur Rahmenbedingungen und mischt sich nicht in das freie Spiel der Marktkräfte ein
Handelsbilanzüberschuss durch Protektionismus	Handelspolitik	Freihandel
Gold und Silber soll im Land angehäuft werden	Reichtum eines Landes	Arbeit (und damit auch die Arbeitsteilung)
Einwanderung und Förderung des natürlichen Bevölkerungswachstums	Bevölkerungspolitik	Selbstlauf
Vorgabe durch staatliche Zielstellungen	Allgemeinwohl	Eigeninteresse der Wirtschaftssubjekte

M 19, S. 27
Die Politisierung Frankreichs

M 19 a, S. 27 f.
Die Herausbildung politischer Organisationen

Seit der Wahl zu den Generalständen und nach ihrer Zusammenkunft am 5. Mai 1789 hatte sich eine beschleunigte Politisierung des öffentlichen Lebens vollzogen. Alle politischen Strömungen – die „Rechten" und die „Linken" – trafen sich zunächst in Klubs, noch nicht vergleichbar mit modernen Parteien. Diese Orte nutzten sie als Trainingsplätze der Debatte und als Foren politischer Agitation und Organisation. Abgeordnete des „Dritten Standes" schufen relativ stabile Organisationen. So war in Versailles zunächst der „Bretonische Klub" entstanden, dem später auch Abgeordnete aus anderen Provinzen beitraten. Nach den Oktoberereignissen 1789 zog der Klub in ein Kloster der Dominikaner, umgangssprachlich Jakobiner genannt, in Paris und nannte sich „Gesellschaft der Verfassungsfreunde". Neben Abgeordneten der Nationalversammlung konnten auch angesehene Bürger – gegen Zahlung relativ hoher Mitgliedsbeiträge – Mitglieder dieses Klubs werden. Ausgehend vom Pariser Jakobinerklub, entstanden ein Korrespondenznetzwerk und Tochtergesellschaften im ganzen Land. Mitte 1790 existierten etwa 100 und Mitte 1791 schon über 400 Tochtergesellschaften. Im April 1790 wurde in der Pariser Vorstadt Saint-Antoine die „Gesellschaft der Freunde der Menschen- und Bürgerrechte", Cordeliersklub, gegründet. Er war eine Reaktion auf die Reglementierung der Volksbewegung durch Nationalversammlung und Pariser Stadtrat. Die Mitgliedsbeiträge waren relativ gering und auch sog. Passivbürger hatten nun Möglichkeiten der politischen Mitsprache. Damit war der Cordeliersklub Vorbild für die Volksgesellschaften, zunächst in Paris und später im ganzen Land, die nun allen, auch Frauen, offenstanden. In diesen Gesellschaften entwickelte sich eine neue, republikanisch-plebejische Öffentlichkeit. Das gemeinsame Lesen und Vorlesen von Journalen und Bildflugblättern, das politische Lied und die patriotische Rede bestimmten die Diskussionen in den Volksgesellschaften und mobilisierten die kleinbürgerlichen und plebejischen Schichten des Volkes.

M 19b, S. 27
Anzahl und Verteilung der Revolutionsklubs oder Volksgesellschaften in Frankreich um 1793/94 (Karte)

M 20, S. 28
Dechristianisierung in der Provence

Die hier aufgeführten Veränderungen in den Testamenten aus der Provence sind ein möglicher Beleg für die Entfernung der Menschen vom französischen Katholizismus. Gleichzeitig sollten aber zwei weitere Aspekte berücksichtigt werden.

- Testamente setzen eine bestimmte wirtschaftliche Position, ein nennenswertes Erbe, des Erblassers voraus.
- Die Provence war eine hugenottisch geprägte Provinz. Ein Verzicht auf Anrufung der Mutter Gottes und fehlende Festlegungen für Gedenkmessen sind zwar ein Indiz für die Abkehr vom französischen Katholizismus, aber noch nicht für die Abkehr vom Christentum.

Zu Aufgabe 19, S. 28

Siehe die Erläuterungen zu M 17 bis M 20.

M 21, S. 28
Erträge der Landwirtschaft

Die Weizenproduktion entsprach in Frankreich der der mitteleuropäischen Territorien. Ein Viertel der Ernte wurde als Saatgut gebraucht. Charakteristisch war die Dreifelderwirtschaft. Bei Missernten traten Hungersnöte und entsprechende Hungerunruhen wiederholt auf. Der Bevölkerungszuwachs verschärfte das prekäre Nahrungsmittelangebot.
In England hatte sich seit Anfang des 18. Jahrhunderts, verbunden mit der Industriellen Revolution, eine tiefgreifende Umwälzung der Landwirtschaft vollzogen. Der Großgrundbesitz dominierte und die meisten Bauern mussten ihren bescheidenen Besitz verkaufen. Sie arbeiteten nun als Landarbeiter oder wanderten in die Städte ab. Gleichzeitig wurden die Dreifelderwirtschaft durch die Fruchtwechselwirtschaft abgelöst, natürliche Düngemittel (z. B. Dung, Asche) eingesetzt und landwirtschaftliche Geräte (gusseiserner Pflug, Dresch- und Sämaschinen) weiterentwickelt. Diese Innovationen führten zu beträchtlichen Produktivitätssteigerungen und höheren Erträgen in der englischen Landwirtschaft.

M 22, S. 28
Preise und Löhne

Missernten 1787 und 1788 und ökonomische Krise bewirkten einen Anstieg der Getreidepreise um 100 Prozent und mehr. Die ärmsten Teile der städtischen Bevölkerung mussten bis zu 80 Prozent ihres Lohnes für Brot aufwenden. Damit schmälerten sich die Absatzmöglichkeiten für andere gewerbliche Erzeugnisse. Hungerrevolten und Gewaltausbrüche waren die Folge, diesmal aber in einer Atmosphäre revolutionärer Grundstimmung im ganzen Land.

M 22a, S. 28
Löhne pro Tag, Paris 1789

M 22b, S. 28
Preis für ein 4-Pfund-Brot Paris (in Sous)

M 23, S. 29
Verteilung des Grundeigentums (Karte)

Methodisch-didaktischer Hinweis: Durch die Untersuchung der unterschiedlichen Verteilung des Grundeigentums können regionale Unterschiede ausgemacht und Hypothesen für die weitere Entwicklung während der Revolution durch die Schülerinnen und Schüler formuliert werden. Wichtig ist der Hinweis auf die ungeklärten Eigentumsverhältnisse, sie zeigen die schwierige Quellenlage in bestimmten Gebieten.

M 24, S. 29f.
Rechte des Grundherrn (seigneur) – aus einer Rechtsaufzeichnung aus dem Dorf Essigey in Burgund, 18. Jahrhundert

Die Grundherrschaft (seigneurie) bestimmte in den Jahren vor der Revolution nach wie vor das ländliche Leben, wenn auch regional unterschiedlich ausgeprägt. 45 Prozent des Bodens befanden sich im Obereigentum des Adels und des Klerus, 25 Prozent in den Händen bürgerlicher Grundherrn und etwa ein Drittel war bäuerliches Eigenland. Auch innerhalb der Bauernschaft nahmen soziale Differenzierungsprozesse zu. Die in der Mehrzahl persönlich freien Bauern traten dem Seigneur als Pächter bzw. Halbpächter gegenüber und waren diesem für die Nutzung des Bodens regelmäßige Geldzahlungen und Naturalleistungen schuldig. Der Umfang dieser feudalen Belastungen war regional sehr verschieden. Kleinbauern, die nur Parzellen von geringer Größe bewirtschafteten, waren darüber hinaus auf Zusatzverdienste – häufig gewerbliche Heimarbeit – angewiesen.

M 25, S. 30
„Der Bauer – zu Müh und Not geboren", Radierung ca. 1790

Diese kolorierte Druckgrafik zeigt in zeittypischer Verknüpfung von Bild und Text das harte bäuerliche Arbeitsleben. Die linke Bildhälfte wird von der übergroßen Bauernfigur mit den beiden Hacken und dem Dreschflegel dominiert. Interessant ist der auf dem Hut des Bauern sitzende „gallische Hahn". Dieses Symbol für Wachsamkeit geht auf etymologische Spekulationen über die doppelte Bedeutung des lateinischen Wortes „gallus" für „Hahn" und „Gallier" zurück. Durch die Bilddiagonale, eine angedeutete Steinmauer, werden die Feldarbeiten – links – von den Tieren, den Hühnern, Schweinen, Rindern und Bienen, getrennt. Die Diagonale führt den Blick auf das Haus, vor dem der Steuereintreiber die Leibsteuer (taille) einfordert.

M 26, S. 31
General de Besenval berichtet über Hungerunruhen

Zur Quelle: Der General de Besenval lässt sich in allgemeinen Formulierungen über die Ursachen der Hungersnot im Frühjahr des Jahres 1789 aus („... den spürbaren Mangel an Getreide, der eine nahe Hungersnot ankündigte."), ohne die Lage der besonders betroffenen Bevölkerungsgruppen zu erfassen. Seine rein militärische Sicht auf die Geschehnisse wird in zwei Momenten sichtbar:

- In seinem ursprünglichen Befehlsbereich („... Provinzen Ile de France ohne die Stadt Paris, Soissonnais, Berry, Bourbennais, Orléanais, Touraine und Maine") wurden Ruhe und Ordnung durch straffe militärische Disziplin gesichert.
- Gegen die Unruhen in Paris – die dortigen Truppen unterstanden ihm nicht – war der Einsatz von Truppen („... Anwendung der in ähnlichen Fällen gebräuchlichen Mittel ...") notwendig.

In seinem Bericht kommen enges militärisches Denken, überzogene Selbsteinschätzung und Unverständnis für Ursachen und Tragweite der Ereignisse im Frühjahr/Sommer 1789 zum Ausdruck.

Zu Aufgabe 20, S. 31

Siehe die Erläuterungen zu M 21 bis M 26.

Zu Aufgabe 21, S. 31

Methodisch-didaktischer Hinweis: Die Französische Revolution ist nur unter Berücksichtigung vieler Faktoren zu verstehen bzw. zu erklären. In der Krise des Ancien Régime überlagerten sich:

- eine Wirtschaftskrise (die Auswirkungen einer nach 1778 einsetzenden Rezession),
- eine Finanzkrise (Versuche zur Beseitigung des chronischen Finanzdefizits der Staatskasse),
- eine Staatskrise (ein sich in der zweiten Hälfte des 18. Jahrhunderts verschärfender Machtkampf zwischen Adel und Krone).

M 27 a, S. 32
Was ist Öffentlichkeit?

Der Lexikonartikel bietet im Unterricht die Möglichkeit, das Vorverständnis von Öffentlichkeit zu klären und anschließend zu präzisieren.

M 27 b, S. 32
Habermas zur vormodernen „repräsentativen" Öffentlichkeit

Neben der allgemeinen Klärung von Öffentlichkeit ist für das Thema „Öffentlichkeit – eine neue Macht" im Zuge der Aufklärung die Abgrenzung des modernen Öffentlichkeitsbegriffs von der vormodernen „repräsentativen Öffentlichkeit" notwendig. Der Herrscher tritt in der Vormoderne zwar vor Institutionen und dem Volk auf, die Gruppen der Gesellschaft und das Volk bilden aber nur eine Kulisse. Sie sind keine Institutionen, vor denen sich der Herrscher rechtfertigen muss. Dies galt bis 1806 auch im Heiligen Römischen Reich, wo der Kaiser Fürsten und Bischöfe, Reichsgrafen, Reichsstädte und Äbte zum Reichstag „einlud". Habermas führt über die „repräsentative Öffentlichkeit" und den Wandel in der Frühen Neuzeit an gleicher Stelle weiter aus:

„Die Entfaltung der repräsentativen Öffentlichkeit ist an Attribute der Person geknüpft: an Insignien (Abzeichen, Waffen), Habitus (Kleidung, Haartracht), Gestus (Grußform, Gebärde) und Rhetorik (Form der Anrede, förmliche Rede überhaupt), mit einem Wort – an einen strengen Kodex ‚edlen' Verhaltens. [...] Die Repräsentation höfisch-ritterlicher Öffentlichkeit erreicht ihre letzte, unvermischte Gestalt an den französischen und burgundischen Höfen im 15. Jahrhundert. Das berühmte spanische Zeremoniell ist das Petrefakt [Versteinerung] dieser Spätblüte. In dieser Form erhält sie sich an den Habsburger Höfen noch über Jahrhunderte. Neu formiert sich die repräsentative Öffentlichkeit, von der stadtsässigen Adelskultur des frühkapitalistischen Oberitalien ausgehend, zuerst in Florenz, dann auch in Paris und London. [...] Der eigenständige, auf seine Grundherrschaft gestützte Landadel verliert an Kraft der Repräsentation; repräsentative Öffentlichkeit konzentriert sich am Hof des Fürsten. Alle ihre Momente schießen endlich im barocken Fest sinnfällig und prunkend noch einmal zusammen. [...]

Die großen Tendenzen, die sich bis zum Ende des 18. Jahrhunderts durchsetzen, sind bekannt. Die feudalen Gewalten, Kirche, Fürstentum und Herrenstand, an denen die repräsentative Öffentlichkeit haftet, zersetzen sich in einem Prozess der Polarisierung; sie zerfallen am Ende in private Elemente auf der einen, in öffentliche auf der anderen Seite. Die Stellung der Kirche wandelt sich im Zusammenhang mit der Reformation; die Bindung an die göttliche Autorität, die sie repräsentiert, Religion, wird zur Privatsache. Die so genannte Religionsfreiheit sichert geschichtlich die erste Sphäre privater Autonomie; die Kirche selbst existiert als eine öffentlich-rechtliche Körperschaft unter anderen fort. – Die entsprechende Polarisierung der fürstlichen Gewalt wird zuerst durch die Trennung des öffentlichen Budgets vom privaten Hausgut des Landesherrn sichtbar markiert. Mit Bürokratie und Militär (zu einem Teil auch mit der Gerichtsbarkeit) objektivieren sich die Institutionen der öffentlichen Gewalt gegenüber der nach und nach privatisierten Sphäre des Hofes. – Aus den Ständen schließlich entwickeln sich die herrschaftsständischen Elemente zu Organen der öffentlichen Gewalt, zum Parlament (und zum Teil zur Gerichtsbarkeit); die berufsständischen Elemente, soweit sie in den städtischen Korporationen und gewissen landständischen Differenzierungen schon angelegt sind, entwickeln sich zur Sphäre der „bürgerlichen Gesellschaft", die dem Staat als der genuine Bereich privater Autonomie gegenüberstehen wird."

Jürgen Habermas, Strukturwandel der Öffentlichkeit, Neuauflage, Frankfurt/Main (Suhrkamp) 1990, S. 61–67.

Zu Aufgabe 23, S. 32

Siehe die Erläuterungen zu M 27.

Zu Aufgabe 24, S. 32

Siehe die Erläuterungen zu M 27.

M 28, S. 32f.
Staatsmacht und Öffentlichkeit vom 17. bis zum 19. Jahrhundert

Siehe die Erläuterungen zu Aufgabe 25 und 27.

Zu Aufgabe 25, S. 33

Die Arbeit mit M 28 hat einen methodischen Schwerpunkt. Geübt werden soll die Entnahme von Informationen aus einem Sachtext. Schüler müssten im Zusammenhang mit Aufgabe 25 erkennen, dass

a) die Informationen zu Frankreich in den Zeilen 1–26 und 81–90 zu finden sind, bzw. die Informationen zu England in den Zeilen 27–52 und die Informationen zu Deutschland in den Zeilen 53–80;
b) dass die Aufgabenstellung den Zeitraum „bis zum Ende des Zeitalters Napoleons" umfasst, d. h. die Informationen zu Metternich und Bismarck (Zeilen 91–102) nicht zu den gesuchten Lösungen der Aufgabe 25 gehören. Die Gruppe „Deutschland" sollte erkennen, dass es nur um Preußen geht.

Zu Aufgabe 27, S. 34f.

Bei dieser Aufgabe ist es wichtig, dass die Schüler in dem gemeinsamen Text nur das zusammentragen, was nach dem begründeten Urteil der Schülerinnen und Schüler für Europa bis zum Beginn des 19. Jahrhunderts verallgemeinerbar ist.

Die Aussagekraft des Textes hat ihre Grenzen in den drei ausgewählten Ländern. Diese waren allerdings für das westliche Europa prägend. Gleichwohl fehlen Länder wie Polen, Portugal und Spanien, Fürstentümer auf dem Gebiet des erst 1861 vereinten Italien, die Schweiz, Norwegen und Schweden oder das muslimische Osmanische Reich, das auf dem Balkan herrschte. Informationen für das spätere „Deutschland" beschränken sich auf Preußen.

M 29a, S. 34f.
Habermas, Strukturwandel der Öffentlichkeit

Der Gedankengang des Autors im vorliegenden Auszug lässt sich wie folgt gliedern:

Z. 1–7: Ziel der Studie: den Typus der die Moderne prägenden „bürgerlichen Öffentlichkeit" entfalten. Hinweis darauf, dass es hierbei um die Neuauflage des Werkes geht, die im Vorwort kritische Gedanken aus der Diskussion um die 1. Auflage aufgreift.

Z. 8–47: Benennung der Merkmale, die die „bürgerliche Öffentlichkeit" auszeichnen und die sich bis zum Ende des 18. Jahrhunderts herausgebildet haben (s. unten, Aufgabe 31).

Z. 48–59: Hervorhebung der Rolle, die die Französische Revolution in diesem Prozess gespielt hat (Politisierungsschub);

Z. 60–81: Erörterung des Begriffs „plebejische Öffentlichkeit", der im Anschluss an Habermas' Untersuchungen von anderen Autoren erarbeitet wurde;

Z. 82–92: Abgrenzung der „bürgerlichen Öffentlichkeit" zur vormodernen „repräsentativen Öffentlichkeit" (wiederholend zu dem Textauszug in M 27b).

M 29b, S. 35
Schild über Öffentlichkeit im Zeitalter der Aufklärung

Schilds Grundthese lautet, dass Öffentlichkeit eine Kategorie von Moderne sei und dass sich diese im Zeitalter der Aufklärung herausgebildet habe. Mit den Schülern sollte diese Grundthese im Unterricht erarbeitet werden. Zu den Merkmalen der Moderne: siehe im Begriffslexikon (Anhang des SB) die entsprechende Erläuterung.

Die politische Sprengkraft der Aufklärung liegt nach Schild (im Anschluss an Kant) im neuen Menschenbild der Aufklärung begründet: der Mensch, der in einem Staatswesen lebt, werde nicht mehr als „Untertan", sondern als „mündiger Bürger" betrachtet; Mündigkeit entstehe durch Artikulation in der Öffentlichkeit und Interesse an den „Belangen der Allgemeinheit".

Diskussionsanregung/Gegenwartsbezug: Was passiert in einer modernen Demokratie, wenn die Bürgerinnen und Bürger kein Interesse mehr an den Belangen der Allgemeinheit zeigen und sich nur noch in ihr Privatleben oder in ein „Konsumentenleben" zurückziehen?

Zu Aufgabe 29, S. 35

Siehe die Erläuterungen zu M 29a und M 27b.

Zu Aufgabe 30, S. 35

Siehe die Erläuterungen zu M 29b.

Zu Aufgabe 31, S. 35

Merkmalskatalog „Öffentlichkeit in der Aufklärung" nach M 29a und b:

- Voraussetzungen: laufende Neuerscheinungen von Druckerzeugnissen und Diskussion derselben; signifikant gestiegene Alphabetisierung;
- Träger: Stadtbürger und Gelehrte, ein allgemeines Lesepublikum; Vereinswesen mit egalitären inneren Strukturen, Mitglieder waren allerdings meist nur die o. g. Gruppen;
- Menschenbild: der vernunftbegabte und mündige Bürger;
- Ziele: Kampf gegen Zensur und für Meinungsfreiheit; Kritik am politischen System des Absolutismus; Bekundung des Interesses an der Allgemeinheit und am Gemeinwohl und Diskussion dieser Interessen in einem nicht privaten Umfeld.

Weitere Merkmale, die um 1800 und im 19. Jahrhundert hinzutreten: s. oben die Erläuterungen zu M 27b.

Notizen

Kapitel 3
Phasen der Französischen Revolution – Phase 1: „Vorrevolution" des Adels

M 1, S. 43
Die Eröffnung der Ständeversammlung am 5. Mai 1789, Gemälde von Auguste Couder (1790–1873), Paris um 1840

Zum Bild: Das Gemälde, etwa 50 Jahre nach dem historischen Ereignis entstanden, erlaubt einen Blick auf die Eröffnungsversammlung der Generalstände am 5. Mai 1789 in Versailles. Rechts im Vordergrund haben die Vertreter des Dritten Standes Platz genommen. Links von ihnen ist der Erste Stand – herausgehoben durch einen Kardinal mit roter Soutane – zu sehen. Gegenüber, und damit rechts vom Dritten Stand, ist der Adel zu erkennen. Im Mittelgrund, dem Dritten Stand gegenüber, ist eine Art Präsidium platziert. An diesem Tag sprachen der jeglichen Veränderungen feindlich gegenüberstehende Kanzler Charles de Barentin und der auf Finanzreformen setzende Finanzminister Jacques Necker. Einer dieser beiden Männer ist bei seiner Rede abgebildet, ausgestreckter rechter Arm und Papiere in der linken Hand heben ihn hervor. Schließlich ist ganz oben links im Bild der König auf seinem Thron zu sehen.

M 2, S. 44
Der Revolutionsprozess als Geflecht von drei autonomen Revolutionen

Die Verschmelzung der städtischen Volksrevolution und der Bauernrevolution mit der Verfassungsrevolution der aufgeklärten Eliten zu einem Ursachenkomplex ist eine notwendige, aber nicht hinreichende Voraussetzung der Revolution. Erst im Wechselspiel mit der Unfähigkeit des Staatsapparates des Ancien Régime, die inneren und äußeren Krisenprozesse zu bewältigen, wird aus der revolutionären Krise die Revolution.

M 3, S. 45
Revolutionäre „Bilderzeitung" über die Ereignisse der Jahre 1789 bis 1791, kolorierter Holzschnitt, 1791

Zum Bild: „Dieses Beispiel aus der populären Druckgrafik des Provinzverlegers Jean Baptiste Letourmi, der sich auf revolutionäre Holzschnitte spezialisierte und diese über hundert Auslieferungsstellen landesweit vertrieb, kopiert in vereinfachter Form vier selbstständig erschienene, besonders erfolgreiche Pariser Radierungen und fügt sie zu einem Bilderbogen zusammen. Die ursprünglichen Titel erscheinen nun als Bildlegenden." (Rolf Reichardt [Hg.], Die Französische Revolution, Freiburg/Würzburg [Ploetz] 1988, S. 39)

In dem in vier Sektoren gegliederten Bilderbogen ist im oberen linken Bildteil der von Adel und Klerus zu Boden gedrückte Dritte Stand als Träger der Steuer- und Abgabenlast dargestellt. Rechts daneben „erwacht" der Dritte Stand und ergreift die am Boden liegenden Waffen. Im Bildausschnitt links unten werden von vier Bauern mit Dreschflegeln die Symbole adliger und klerikaler Vorherrschaft – Degen, Hut, Mitra, Bischofsstab, Wappen – zerstört. Im Bildteil rechts daneben „schultern" die drei Stände nun gemeinsam die Steuerlast.

M 4, S. 45f.
Rede des Finanzministers Calonne vor der Versammlung der französischen Notabeln am 22. 2. 1787

Zur Quelle: Bereits 1786 hatte Calonne Ludwig XVI. vom bevorstehenden Staatsbankrott informiert. Nach seinen Schätzungen würden die Staatsausgaben im laufenden Jahr die Einnahmen um ca. 25 Prozent übersteigen. Die Gründe für die ständig wachsende Schuldenlast sind vor allem in der Tilgung der bereits aufgelaufenen Schulden und in den hohen Militärausgaben im Gefolge der französischen Beteiligung am Siebenjährigen Krieg und der Unterstützung des Unabhängigkeitskampfes der nordamerikanischen Kolonien gegen die englische Kolonialmacht zu sehen.

Zur Bekämpfung der Finanzkrise schlug Calonne umfassende Reformen des Steuersystems vor. Eine vom König einberufene Notabelnversammlung sollte diese Steuerreform absegnen und damit die absolute Macht des Königs stärken und die staatliche Autorität sichern. Die Versammlung weigerte sich jedoch, Calonnes Reformpläne zu unterstützen. Calonne wurde entlassen und die Finanzkrise spitzte sich weiter zu.

In seiner Rede vor den Notabeln formuliert er u. a.
- als Ziel: ausgeglichene Finanzverhältnisse;
- als Gründe: Missbräuche, besonders die Befreiung bzw. geringe Steuer- und Abgabenbelastung der Privilegierten, und ungleiche Rechtsverhältnisse;
- als Folge: ungerechtfertigte Unterschiede, Härte und Willkür bei der Behandlung der königlichen Untertanen, Behinderung gewerblicher Entwicklung, aufgeblähte Verwaltungskosten und ausufernder Schmuggel.

Zu Aufgabe 1, S. 46
Siehe Erläuterungen zu M 4.

Zu Aufgabe 2, S. 46
Siehe Erläuterungen zu M 4.

M 5, S. 46 f.
Emmanuel Joseph Sieyès über den politischen Willen der Nichtprivilegierten

Zur Person: Sieyès war Sohn eines Postdirektors und schlägt eine geistliche Karriere ein. Seit 1780 war er Generalvikar des Bischofs von Chartres und Mitglied der Provinzialversammlung des Klerus von Orléans. Er war politisch engagiert, veröffentlichte seit dem Sommer 1788 verschiedene Schriften. Der große Erfolg seiner Schriften bestimmte wesentlich seine Wahl zum Deputierten des Dritten Standes durch die Pariser Bevölkerung. Er verfasste den Ballhausschwur und war während seiner Abgeordnetentätigkeit in der Verfassunggebenden Versammlung (Konstituante) äußerst aktiv. So beteiligte er sich unmittelbar an der Formulierung der Erklärung der Menschen- und Bürgerrechte und war maßgeblich an der territorialen Neugliederung Frankreichs in Departements beteiligt.
Zur Quelle: In seiner weitverbreiteten Flugschrift (30 000 Exemplare) über die Rolle des Dritten Standes „Qu'est-ce que le Tiers État?" formuliert Sieyès das Selbstverständnis des Dritten Standes. Zentrale Aussage ist dabei die Gleichsetzung des Dritten Standes mit dem Begriff Nation. Begründet wird diese Position mit der Rolle des Dritten Standes als Träger aller gesellschaftlichen und staatlichen Lasten und seinem bisherigen Ausschluss von allen Entscheidungen und Vergünstigungen. Im Gegensatz dazu wird der Adel aufgrund seiner Privilegien als abgesonderter, überflüssiger Teil in der Nation gekennzeichnet. Entscheidend für die Durchsetzung der Interessen des Dritten Standes ist nach Sieyès die Abstimmung in den „Reichsständen" nach „Köpfen" und nicht nach Standeszuordnung.
Diese Gleichsetzung des Dritten Standes mit der Nation und das Ausblenden der inneren Differenzen und Widersprüche im Dritten Stand prägen den weiteren Verlauf der Revolution.

M 6, S. 46
Titelblatt der Flugschrift von Sieyès
Siehe Erläuterungen zu M 5.

Zu Aufgabe 3, S. 47
Siehe Erläuterungen zu M 5.

Zu Aufgabe 4, S. 47
Methodisch-didaktischer Hinweis: Als Impulse für eine Diskussion bzw. Darstellung finden sich folgende Ideen der Aufklärung in einer populären und aktivierenden Form bei Sieyès wieder:
- Gewaltenteilung (Montesquieu),
- Gesellschaftsvertrag (Rousseau),
- naturrechtliche Positionen.

M 7, S. 47
Die Revolution der Bauern

M 7 a, S. 47
Bevölkerungsentwicklung und Grundbesitzverteilung am Ende des Ancien Régime

M 7 b, S. 47
Bäuerliche Sozialstruktur im nördlichen Pariser Becken 1685 und 1789
Das deutliche Bevölkerungswachstum in Frankreich im Verlauf des 18. Jahrhunderts verschob die Proportionen innerhalb der bäuerlichen Sozialstruktur auch im nördlichen Pariser Becken. Die deutlichsten Veränderungen gab es in der Gruppe der Kleinbauern: Ihre Zahl vergrößerte sich absolut um 320 000 und ihr prozentualer Anteil stieg um 3,5 Prozent. Ebenfalls wuchs die Zahl der Handwerker (absolut um

210 000, prozentual um 4,6 Prozent), der Dienstboten und Knechte (absolut um 191 000, prozentual um 5,1 Prozent) und die unter „Verschiedene" gezählte Bevölkerung (absolut um 157 000, prozentual um 4 Prozent). Der Anteil der Großpächter an der Gesamtbevölkerung in der genannten Region wuchs in absoluten Zahlen um 9000, ging aber prozentual um 1,8 Prozent zurück.
Das Wachstum armer bzw. eigentumsloser Bevölkerungsteile korrespondiert mit dem spürbaren Rückgang der Zahl unabhängiger Mittelbauern (absolut um 145 000, prozentual um 6,6 Prozent) und den tiefgreifenden Auswirkungen auf das dörfliche Leben. Damit war auch ein Rückgang der Zahl der Händler (absolut um 32 000, prozentual um 2,6 Prozent) verbunden.

M 7c, S. 48
Aus den Beschwerdeschriften der Gemeinde Colmare, 22. März 1789

M 7d, S. 48
Der Vicomte de Noailles (1756–1804) am 4. August 1789 in der Nationalversammlung

Zur Quelle: Das Dekret der Nationalversammlung vom 3. Mai 1790 setzte den Wert des Rückkaufs der auf dem Land liegenden Lasten auf den zwanzigfachen Betrag der Abgaben fest, wenn sie in Geld, und auf den fünfundzwanzigfachen Betrag, wenn sie in Naturalien geleistet wurden. Konnten solche Summen nur wenige Bauern aufbringen, so machte eine weitere Bestimmung die Ablösung fast unmöglich: Der Bauer, nicht der Grundherr, hatte den urkundlichen Nachweis für die Widerrechtlichkeit der einzelnen Abgabenforderungen zu leisten.

M 7e, S. 48
Petition der Bauern der Provinz Haute-Marche an die Nationalversammlung, 8. Mai 1790 (Auszug)

Zur Quelle: Die Petition der Bauern bezieht sich auf den Verzicht des Adels auf seine Privilegien vom 4. August 1789 und das Dekret der Nationalversammlung vom 3. Mai 1790 über die Ablösung von Geld- oder Naturalabgaben durch den zwanzigfachen bzw. fünfundzwanzigfachen Betrag der bisherigen Jahresabgaben der Bauern. Außerdem ist die Rechtslage für die Bauern äußerst ungünstig: Bei gemeinschaftlicher Verpflichtung zur Abgabenleistung ist auch nur durch alle beteiligten Bauern ein Loskauf möglich. Einzelne Personen können sich nicht individuell freikaufen, es sei denn, sie übernehmen die Gesamtkosten. Diese Rechtslage und die sehr großen Freikaufsummen – sie konnten von vielen Betroffenen nicht aufgebracht werden – führten im Winter 1789/1790 zu neuen Bauernunruhen.

M 7f, S. 49
Forderungen der Bauern von Guyancourt, 1789

M 7g, S. 49
Forderungen und Beschwerden der Bauern aus Laître-sous-Amance

Zu den Quellen M 7c, M 7f und M 7g: Zusammen mit der Wahl der Abgeordneten zur Nationalversammlung bestand die Möglichkeit, Beschwerdehefte zu übergeben. Adlige und Geistliche waren entsprechend ihrem Bildungsstand in der Lage ihre Beschwerden selbst zu verfassen. Den Bauern musste dagegen naturgemäß geholfen werden. Die Hefte der Städte und Gemeinden wurden von der Versammlung des Dritten Standes im Amtsbezirk zusammengefasst.
In den Auszügen aus den drei Beschwerdeschriften finden sich einerseits übereinstimmend Forderungen nach einem veränderten Steuersystem und nach Abschaffung von Privilegien und Frondiensten. Andererseits werden aber auch jeweils spezifische Forderungen formuliert:
- (M 7c) Beschwerdeschrift aus Colmare – Abschaffung der Baumwollspinnmaschinen;
- (M 7f) Beschwerdeschrift aus Guyancourt – Einzug zum Heeresdienst nur in dringenden Fällen, und dann überall ohne Ausnahme;
- (M 7g) Beschwerdeschrift aus Laître-sous-Amance – Wahlen zu den Generalständen und persönliche Freiheit.

Diese Beschwerdeschriften – alle entstanden vor dem 4. August 1789 – veranschaulichen die Bandbreite der Kritik bzw. Wünsche von konkreten sozialökonomischen bis zu allgemein-politischen Forderungen.

Zusatzmaterial ZM 3.1	**Arbeitsblatt: Übersicht über die Lage der Bauern**

Übersicht über die Lage der Bauern am Vorabend bzw. zu Beginn der Revolution

Bevölkerungsanteil	
Grundbesitz	
Sozialstruktur der bäuerlichen Bevölkerung	
sozial-ökonomische Forderungen	
allgemein-politische Forderungen	

Zu Aufgabe 5, S. 49

Am Vorabend bzw. zu Beginn der Revolution stellte sich die Lage der Bauern wie folgt dar:

- Die Bauern bildeten mit ca. 80 % die überragende Mehrheit der Bevölkerung, sie besaßen aber mit etwa 35 % nur relativ wenig Land (siehe M 7 a).
- Die Zahl der unabhängigen Mittelbauern nahm im Verlauf des 18. Jahrhunderts stark ab, die Zahl der Dienstboten und Knechte dagegen bedeutsam zu (siehe M 7 b).
- Die Bauern erhoben Forderungen nach Abgabengerechtigkeit, nach Steuererleichterungen, nach mehr Land, nach Abschaffung von Frondiensten und bestimmten Ämtern sowie nach der Vernichtung von Maschinen (siehe M 7 c).
- Die Bauern stellten überwiegend Forderungen, die sich aus ihrer realen Lage ergaben (siehe M 7 c, 7 e, 7 f), allgemein-politische Ziele traten zurück. Das bäuerliche Verständnis von Freiheit meinte in erster Linie frei von grundherrlichen Eingriffen, eigenes Land zu bebauen. Gewalt drohte, wenn ihre elementaren Wünsche nicht erfüllt wurden (siehe M 7 d).
- Im Ton blieben die Forderungen der Bauern oft gemäßigt (siehe M 7 e).

Siehe Arbeitsblatt ZM 3.1 auf der vorhergehenden Seite.

Zu Aufgabe 6, S. 49

Siehe Erläuterungen zu M 7d und 7e.

Methodisch-didaktischer Hinweis: Bei der Überprüfung der Maßnahmen der Nationalversammlung zur Veränderung der Lage der Bauern sind folgende Zusammenhänge zu berücksichtigen:

- unterschiedliche Interessenlage der Abgeordneten und Bauern;
- Unterscheidung zwischen ersatzloser unentgeltlicher Abschaffung feudaler Privilegien, der Leibeigenschaft und Frondienste einerseits und Ablösung von Herrenrechten durch Freikauf andererseits;
- größere Steuergerechtigkeit;
- Druck auf Entscheidungen der Nationalversammlung durch bäuerliche Unruhen.

M 8 a, 8 b, 8 c, S. 50 f.
Beschwerdebriefe aus ländlichen Gemeinden

In den drei Beschwerdebriefen aus dem Jahr 1789 klagen die Verfasser über die hohen Steuern und Abgaben, die Armut und den Hunger in den Gemeinden, die desolaten Rechtsverhältnisse sowie die unzureichende persönliche Sicherheit der Dorfbevölkerung.

Methodisch-didaktischer Hinweis: Siehe Erläuterungen zur Quellenarbeit im Geschichtsunterricht (SB, S. 36 ff.).

M 9, S. 51
„Die Lage der Bauern“, zeitgenössischer Stich zur Lastenverteilung zwischen den einzelnen Ständen, 1789

Zum Bild: Adel und Klerus, auf einer schweren Steinplatte stehend, bedrücken den am Boden liegenden Dritten Stand durch die Steuer- und Abgabenlast. Rechts daneben sind ein Baumstumpf, am Boden liegende Früchte und ein offensichtlich defekter Karren zu erkennen. Das Sujet des zu Boden gedrückten Dritten Standes wird in weiteren Stichen aufgegriffen.

M 10, S. 52
Karl Marx über Produktionsverhältnisse und die Bedingungen sozialer Revolutionen

Die Widersprüche zwischen den herrschenden Produktionsverhältnissen, der ökonomischen Struktur der Gesellschaft und den materiellen Produktivkräften auf einer bestimmten Entwicklungsstufe bilden nach marxistischer Auffassung letztendlich die Bedingungen sozialer Revolutionen. In diesem Zitat werden, von konkreten historischen Gegebenheiten abstrahierend, allgemeine Zusammenhänge gesellschaftlicher Entwicklung formuliert.

Methodisch-didaktischer Hinweis: Siehe ‚Ein neues Geschichtsbild entsteht‘ (SB, S. 5 ff.).

M 11, S. 52
Die Bedeutung der Französischen Revolution

M 11 a, S. 52
Französische und industrielle Revolution

In diesem Zitat von Friedrich Engels werden spezifische Aspekte der französischen Entwicklung – der politische Triumph der Bourgeoisie in Frankreich – der englischen Entwicklung – dem Siegeszug der industriellen Revolution – gegenübergestellt.

M 11 b, S. 52
Politische Revolution und Emanzipation der Gesellschaft

In diesem Zitat finden sich folgende marxistische Positionen zur Revolutionstheorie:

- radikale Revolution gleich Umsturz aller gesellschaftlichen Verhältnisse (Basis und Überbau);
- politische Revolution gleich teilweise Revolution, d. h. die Übernahme der politischen Macht durch die Bourgeoisie und die Entmachtung des Adels;
- die Bourgeoisie setzt ihre Interessen mit denen der gesamten Gesellschaft gleich und ignoriert die neuen Widersprüche zwischen ihr und den nichtbürgerlichen Klassen.

M 12, S. 53
Festblatt zum 1. Mai, Holzschnitt von Otto Marcus, 1896

Zum Bild: Im Zentrum des Holzschnittes steht die internationalistische Losung der sozialistischen Arbeiterbewegung „Proletarier aller Länder, vereinigt euch!" Der Freiheitsgenius mit der Jakobinermütze schwingt sich von einer stilisierten Fabrik auf und trägt eine Tafel mit der Aufschrift „Freiheit, Gleichheit, Brüderlichkeit". Im Vordergrund symbolisiert der Handschlag eines Industrie- und eines Landarbeiters ihre gemeinsame Interessenlage und auf den Fahnen finden sich dazu die Losungen „Hoch der 8-Stunden-Tag" (rechts) und „Fort mit der Gesinde-Ordnung!" (links). Ebenso wird die Organisation der Frauen (angeschnittene Fahne ganz rechts) gefordert, auch wenn ihnen, wie im linken Vordergrund zu sehen ist, weiterhin nur die Rolle der Mutter und damit der Erzieherin zukünftiger Generationen zugeschrieben wird. Schließlich ist oben links eine von Jugendlichen an einem Baum befestigte Fahne mit der Inschrift „Hoch die Sozialdemokratie!" zu sehen.

Notizen

Kapitel 4
Phase 2: Die konstitutionelle Phase (1789–1791) – Eine Revolution oder drei Revolutionen?

M 1, S. 55
Der Schwur im Ballhaus am 20. Juni 1789, Gemälde von Jacques-Louis David, um 1790

Zum Künstler: Jacques-Louis David, geboren am 30. August 1748 in Paris, war der bedeutendste französische Maler des Klassizismus. Schon vor 1789 schuf er als königlicher Hofmaler und Mitglied der französischen Akademie zahlreiche Bilder mit antiken Motiven.

Während der Revolution wurde er Jakobiner, Abgeordneter und Mitglied des Konvents. Als eifriger Revolutionär und Freund von Robespierre und Marat verfügte er über bedeutenden politischen und künstlerischen Einfluss. Nach dem Sturz Robespierres (9. Thermidor 1794) wurde David verhaftet. Im Gefolge einer Amnestie und nach Bemühungen seiner Gönner und Verehrer kam er frei.

Mit Napoleons Machtergreifung begann ein neuer Abschnitt in Davids Schaffen. Er verherrlichte nun in seinen Werken den französischen Kaiser und dessen Reich. Nach dem Ende Napoleons wurde David aus Frankreich verbannt. Er zog sich nach Brüssel zurück und starb dort am 29. Dezember 1825.

Zum Bild: Im Auftrag der Gesetzgebenden Versammlung begann David die Vorarbeiten für ein gewaltiges Gemälde, das jedoch unvollendet geblieben ist. Es sollte in der Nationalversammlung seinen Platz finden. So entstand die Zeichnung „Schwur im Ballhaus", die durch die Dynamik der revolutionären Ereignisse nie zu einem Gemälde reifen konnte. Das Werk war als Sinnbild der Nation geplant, ist aber keine wirklichkeitsgetreue Darstellung des Geschehens vom 20. Juni 1789. Alle Bewegungen, alle Gesten sind auf die Figur im Zentrum, auf den Präsidenten der Nationalversammlung, Jean Sylvian Bailly, ausgerichtet. Im Vordergrund vereinen sich ein Ordensgeistlicher, ein katholischer Priester und ein protestantischer Pfarrer zum gemeinsamen Schwur. Daneben sind auch zögerliche, abwartende Abgeordnete zu erkennen. Der wehende Vorhang links oben im Bild symbolisiert den Hauch der geschichtlichen Veränderungen. Alles im Bild ist auf eine idealisierte Darstellung der nun einheitlichen Nation ausgerichtet und von den realen Vorgängen in der Nationalversammlung abgehoben.

M 2, S. 59ff.
14. Juli 1789 – ein Augenzeugenbericht zum Sturm auf die Bastille

Zur Person: Camille Desmoulins kam am 2. März 1760 in Guise (Aisne) in der Familie eines niederen Beamten zur Welt. Er besuchte eine Eliteschule in Paris, studierte anschließend Rechtswissenschaften und arbeitete später als Anwalt. 1788 publizierte er seine erste Broschüre, verkehrte nach Einberufung der Generalstände mit Abgeordneten des Dritten Standes und arbeitete zeitweilig als Sekretär von Mirabeau.

Nach der erneuten Entlassung des Finanzministers Jacques Necker (11. Juli 1789) rief er die Pariser Bevölkerung zum bewaffneten Kampf auf und war einer der Initiatoren des zwei Tage später erfolgenden Sturms auf die Bastille. In der Folgezeit veröffentlichte der nun prominente Revolutionär verschiedene Schriften und gab insgesamt drei Zeitungen heraus. 1790 gehörte er zu den Mitbegründern des Klubs der Cordeliers und war seither mit Danton befreundet.

Das zunehmende Ausmaß der Gewalt ließ Desmoulins Ende 1793 gegen Robespierre und den Terror opponieren. Zusammen mit Danton wurde er am 5. April 1794 hingerichtet.

Zur Quelle: In dem Brief an seinen Vater, zwei Tage nach dem Sturm auf die Bastille geschrieben, beschreibt Desmoulins:

- die aufgeheizte revolutionäre Stimmung in Paris,
- den Auslöser des Bastille-Sturms – die Entlassung Neckers,
- die Beschaffung der Waffen durch die Pariser Einwohner und die Widerstände dabei,
- die Formierung einer Bürgerwehr von 16 Legionen (78 000 Mann),
- den unmittelbaren Sturm auf die Bastille,
- die Folgen des siegreichen Sturms auf die Bastille für den zurückweichenden König und die triumphierende Nationalversammlung in Versailles und danach in Paris.

In einem Nachsatz fasst Desmoulins die politischen und militärischen Ergebnisse zusammen:

- Friedensproklamation,
- Ernennung von Bailly zum Pariser Bürgermeister,
- Rückkehr von Necker,

- Abdankung von Ministern,
- erste Hinrichtungen von Vertretern des Ancien Régime,
- Formierung nationaler Streitkräfte aus den französischen Garden, den Schweizer Garden und den ersten beiden Legionen der Pariser Bürgerwehr,
- Lafayette wird militärischer Führer der 16 Legionen der Pariser Bürgerwehr.

In einer Sprache, die geschickt seine treibende und organisierende Rolle einerseits und seine persönliche Bescheidenheit andererseits mischt, stellt Desmoulins die Ereignisse um den 14. Juli 1789 mit revolutionärem Engagement dar. Dabei werden sowohl Details („Ein Kupferstecher steigt als Erster hinauf, man wirft ihn hinunter …") als auch grundsätzliche politische Überlegungen („Mein Rat war, nach Versailles zu gehen.") wirksam verknüpft.

M 3, S. 60
Politische Gruppierungen in den Nationalversammlungen

Die Verschiebung des politischen Spektrums in den drei Nationalversammlungen ist eng mit den sozialen Interessen der verschiedenen politischen Gruppierungen verbunden. Die destruktive Haltung des Königs und großer Teile des Adels einerseits und die Unruhen und Kämpfe der Bauern und städtischen Unterschichten andererseits treiben diesen Prozess voran.

Methodisch-didaktischer Hinweis: Am Beispiel des Wahlrechts kann die komplizierte, widersprüchliche politisch-soziale Entwicklung in den ersten beiden Phasen der Revolution diskutiert werden. Bei den Wahlen zu den Generalständen – aus denen schließlich die Verfassunggebende Nationalversammlung vom 17. Juni 1798 hervorging – hatten auch alle Männer des Dritten Standes, die über 25 Jahre alt waren, einen festen Wohnsitz hatten und in der Steuerliste eingetragen waren, eine Stimme. Die Wahl erfolgte indirekt über ein Wahlmännersystem. Dieses relativ demokratische Wahlrecht wurde bei den Wahlen zur Gesetzgebenden Nationalversammlung durch ein indirektes Zensuswahlrecht abgelöst. Ausgeschlossen vom passiven Wahlrecht waren alle Männer, die weniger als 1,5 Livres Steuern zahlten und die unter 25 Jahre alt waren. Noch höhere Steuerzahlungen waren Voraussetzung für das aktive Wahlrecht, dabei nochmals gestaffelt für Wahlmänner und Abgeordnete. Die Wahlen zum Nationalkonvent erfolgten nach dem allgemeinen Wahlrecht, d. h., alle männlichen Franzosen über 21 Jahre hatten eine Stimme.

M 4, S. 62
Sturm auf die Bastille, 14. Juli 1789, zeitgenössisches Aquarell

Zum Bild: Das Aquarell, an naive Malerei erinnernd, hebt sich von anderen zeitgenössischen Darstellungen des Sturms auf die Bastille durch eigenwillige Perspektiven und Proportionen ab. Dargestellt wird die Situation nach dem ersten Schusswechsel zwischen den Verteidigern der Bastille (80 Invalide und 30 Schweizer Söldner) und den bewaffneten Pariser Einwohnern – erkennbar an der zivilen Kleidung. Sie werden verstärkt durch uniformierte Angehörige der Bürgerwehr und reguläre Soldaten. Diese Soldaten gehören zum Regiment der Französischen Garde, das sich auf die Seite der aufständischen Pariser Bevölkerung gestellt hatte. Sie bringen Kanonen in Stellung und bewirken hauptsächlich durch ihren Beschuss die Kapitulation der Bastille.

Bereits zwei Tage nach dem erfolgreichen Sturm begann der Abriss des Staatsgefängnisses. Damit fiel ein Symbol des Ancien Régime und das Ansehen des Königs war deutlich angeschlagen.

Zu Aufgabe 1, S. 63
Siehe Erläuterungen zu M 2.

Zu Aufgabe 2, S. 63
Siehe Erläuterungen zu M 2.

Zu Aufgabe 3, S. 63
Siehe Erläuterungen zu M 3.

Zu Aufgabe 4, S. 63
Methodisch-didaktischer Hinweis: Dabei sollten die Schülerinnen und Schüler einerseits den jeweils eigenständigen Charakter der Verfassungsrevolution, der revolutionären Aktionen der Unterschichten in den Städten und der bäuerlichen Unruhen beschreiben und andererseits den untrennbaren Zusammenhang, die Wechselwirkung der drei revolutionären Handlungsstränge für den Erfolg des Gesamtprozesses begründen.

M 5, S. 63 f.
Erklärung der Menschen- und Bürgerrechte durch die französische Nationalversammlung, 26. August 1789

Inspiriert durch das nordamerikanische Vorbild und durch einige Entwürfe zu den „Cahiers" von Paris und Nemours, wollte man auch in Frankreich eine Rechteerklärung anfertigen. Am 6. August 1789 beauftragte die Nationalversammlung einen Verfassungsausschuss mit der Erarbeitung einer Verfassung und Rechteerklärung.
17 weitgehend unsystematisch angeordneten Artikeln wurde eine Präambel vorangestellt. Die Präambel (lat. präambulum = „Vorangehendes"/Einleitung einer Urkunde, eines Vertrages) rechtfertigt das Vorgehen der Nationalversammlung. Der Kampf gegen die bestehenden Missstände wird mit der Wiederherstellung alter Rechte und nicht mit der Revolution, der Einführung neuer Rechtsgrundsätze, begründet. Die Nationalversammlung als beschließendes Organ präsentiert die Menschenrechtserklärung als Maßstab für das Handeln Einzelner und der Institutionen. Eine transzendente Verankerung der Menschenrechtserklärung erfolgt mit dem Verweis auf das Höchste Wesen.
Methodisch-didaktischer Hinweis: Es bietet sich an, zunächst die alte und neue Ordnung kontrastierend zu erarbeiten und in einer Vertiefungsphase die zentralen Begriffe Freiheit und Gleichheit (Chancengleichheit, Gleichheit vor dem Gesetz, Wahlrecht nach 1789) auf den Prüfstand zu stellen. Eine Unterscheidung von Menschenrechten (Freiheit, Eigentum, Sicherheit, Widerstand gegen Unterdrückung) und Bürgerrechten (Beteiligung an der Gesetzgebung, Recht auf Rechenschaft von der Verwaltung, Steuerbewilligungsrecht und Steuergleichheit, gleicher Zugang zu den Ämtern) sollten die Schüler nach der Erarbeitung vornehmen können.
Für die Ergebnissicherung sollten die Prinzipien der Menschen- und Bürgerrechtserklärung fixiert werden (siehe Tafelanschrieb rechts).

TAFELANSCHRIEB

Prinzipien der Menschen- und Bürgerrechtserklärung

Volkssouveränität/Souveränität der Nation ist die Basis jeder staatlichen Autorität und Rechenschaftsinstanz der öffentlichen Amtsträger	Art. 3, 15
Trennung von Legislative, Exekutive und Judikative	Gewaltenteilung/ Art. 16
Notwendigkeit der Staatsgewalt für die Sicherung der Menschen- und Bürgerrechte, Utilitarismus als Begründung der Staatsgewalt	Art. 12
Gesetz ist Ausdruck des Gemeinwillens, daraus folgt: Prinzip der Bürgerbeteiligung an der Gesetzgebung	Art. 6
Begrenzung der gesetzgeberischen Kompetenzen der Legislative	Art. 5, 8

M 6, S. 64 f.
Weg mit den Privilegien!

Zur Quelle: In der sog. „Opfernacht der Privilegierten" beschlossen die Abgeordneten die ersatzlose Abschaffung der feudalen Rechte und Privilegien und die Möglichkeit des Freikaufs von den Herrenrechten durch Geldzahlungen. Dieser Verzicht auf Rechte und Privilegien war eine Reaktion der entsetzten Nationalversammlung auf die bäuerlichen Unruhen in fast ganz Frankreich. Bauern hatten Schlösser und Klöster gestürmt und die Dokumente ihrer feudalen Abhängigkeit verbrannt, de facto neue Tatsachen geschaffen. Mit den Entscheidungen der Nationalversammlung wurden diese neuen Tatsachen akzeptiert, kanalisiert und für die Auseinandersetzung um eine neue Verfassungsordnung mit dem König genutzt.
Methodisch-didaktischer Hinweis: Die Beschlüsse der Nationalversammlung können nach ihren Auswirkungen strukturiert und bewertet werden:
- auf Stadt und Land (Bauern, Bürger, Grundeigentümer, Zünfte),
- nach der Art der Abschaffung der Feudalrechte (ersatzlos oder durch Freikauf),
- auf die Kirche (Abschaffung des Zehnten, der Annaten und Pfründenhäufung),
- auf den staatlichen Aufbau und die Institutionen (Steuergleichheit, Zugang der Bürger zu allen Ämtern, unentgeltliche Rechtspflege, Beseitigung des Ämterkaufs ...).

Zu Aufgabe 5, S. 65

Siehe Erläuterungen zu M 5.

Zusatzmaterial ZM 4.1	**Lösungsblatt: Vergleich der rechtlichen Grundlagen**

Ancien Régime:	**Neu: Erklärung der Menschen- und Bürgerrechte vom 26. August 1789**
Mensch ist als Untertan unfrei und ungleich	Art. 1: Mensch ist frei und juristisch gleich
Staatsraison: Recht ist, was dem Staat nützt	Art. 2: Schutz der Menschenrechte als Staatszweck
Absolutismus	Art. 3: Souveränität liegt in der Nation begründet
Unfreiheit	Art. 4, 5: Freiheit findet ihre Grenze in der Freiheit des anderen, Freiheit ist an die Rechtsgleichheit gebunden (Art. 6)
absoluter Monarch als Gesetzgeber	Art. 6: Gesetz als Ausdruck des Gemeinwillens, Bürgerbeteiligung
politische und rechtliche Ungleichheit je nach Geburt	Art. 6: politische Gleichheit und Gleichheit vor dem Gesetz
Willkürjustiz von Seiten des Königs	Art. 7: Gesetzesautorität, Rechtssicherheit
„lettre de cachet"	Art. 8, 9: Gesetze ohne rückwirkende Kraft, Verhältnismäßigkeit der Mittel
Unterdrückung und Verfolgung Andersgläubiger und Andersdenkender	Art. 10, 11: Meinungs-, Presse- und Gewissensfreiheit; keine Religionsfreiheit im modernen Sinn
unumschränkte Staatsgewalt	Art. 12: öffentliche Gewalt notwendig, aber dem allgemeinen Nutzen verpflichtet
Steuerprivilegien von Adel und Klerus	Art. 13, 14: Steuergleichheit aller Bürger gemäß dem Vermögen; gesetzliche Regelung der Steuer
Verwaltung unkontrolliert	Art. 15: Rechenschaftspflicht und Kontrolle der öffentlichen Verwaltung
„Der Staat bin ich"/König herrscht absolut	Art. 16: Gewaltenteilung und Menschenrechtsgarantie
Eigentum an Grund und Boden eingeschränkt	Art. 17: Eigentum unantastbar (Art. 2); nur per Gesetz kann das Eigentumsrecht im öffentlichen Interesse eingeschränkt werden

Zusatzmaterial ZM 4.2	**Arbeitsblatt: Vergleich der rechtlichen Grundlagen**
Ancien Régime:	Neu: Erklärung der Menschen- und Bürgerrechte vom 26. August 1789
Mensch ist als Untertan unfrei und ungleich	
Staatsraison: Recht ist, was dem Staat nützt	
Absolutismus	
Unfreiheit	
absoluter Monarch als Gesetzgeber	
politische und rechtliche Ungleichheit je nach Geburt	
Willkürjustiz von Seiten des Königs	
„lettre de cachet“	
Unterdrückung und Verfolgung Andersgläubiger und Andersdenkender	
unumschränkte Staatsgewalt	
Steuerprivilegien von Adel und Klerus	
Verwaltung unkontrolliert	
„Der Staat bin ich“/König herrscht absolut	
Eigentum an Grund und Boden eingeschränkt	

Zu Aufgabe 6, S. 65
Siehe Arbeitsblatt ZM 4.3 auf der nächsten Seite.

Zu Aufgabe 8, S. 65
Siehe Erläuterungen zu M 6.

Zu Aufgabe 9, S. 65
Siehe Erläuterungen zu M 5, Arbeitsblatt ZM 4.2 und Lösungsblatt ZM 4.1.

Zu Aufgabe 10, S. 65
Siehe Erläuterungen zu M 7.

M 7, S. 65
Schmuckdarstellung der Menschen- und Bürgerrechte, um 1789

Zum Bild: Diese mit antiken Bildelementen ausgeschmückte Darstellung rahmt und erhöht gleichsam die Erklärung der Menschen- und Bürgerrechte. Auf einem von zwei Säulen getragenen Sims sind links und rechts zwei weibliche Figuren positioniert. Die linke Figur, in das Rot und Blau der Revolution gekleidet, hält eine zerbrochene Kette in ihren Händen. Diese geht in eine aus grünen Blättern bestehende Girlande über, umschließt den Text und bindet damit auch die rechte Figur ein. Sie, mit Engelsflügeln versehen, weist mit der linken Hand auf den Text und mit der rechten, wahrscheinlich ein Zepter haltend, auf das von einem Strahlenkranz umgebene „Allsehende Auge". Dieses Symbol steht sowohl im Christentum als auch bei den Freimaurern für die Vorsehung, für Wachsamkeit. Die beiden Texttafeln werden durch eine Lanze, umhüllt von einem Liktorenbündel, getrennt. Die Lanzenspitze trägt eine Jakobinermütze und über der Mütze ist eine Schlange zu erkennen, die sich in den Schwanz beißt.
Diese Darstellung, die antike, christliche und freimaurerische Elemente mit Symbolen der Revolution kombiniert, diente in der Folgezeit häufig selbst als Bildvorlage. M7 ist ein Ausschnitt.

M 8, S. 65 f.
König Ludwig XVI. lehnt den Verzicht auf die Privilegien ab

Zur Quelle: In dem Brief an den Erzbischof von Arles bekräftigt der König seine ablehnende Haltung gegenüber den Beschlüssen der Nationalversammlung während der sog. „Opfernacht der Privilegierten" vom 4./5. August 1789 zur Beseitigung feudaler Privilegien. Er tritt als engagierter Interessenvertreter von Adel und Klerus auf, beschreibt den Verzicht auf feudale Privilegien als „meine Geistlichkeit, meinen Adel um ihr Vermögen zu bringen" und kritisiert den „Enthusiasmus" aller „Klassen der Gesellschaft" im revolutionären Prozess.
Durch die Ablehnung der Beschlüsse verspielt Ludwig XVI. eine Möglichkeit für die Stabilisierung des königlichen Ansehens in der Öffentlichkeit und verringert die Chancen für eine konstitutionelle Monarchie. Durch seine Aussage „... Wenn mich Gewalt nötigte, meine Zustimmung zu geben, dann würde ich nachgeben, aber dann würde es in Frankreich weder eine Monarchie noch einen Monarchen mehr geben ..." gibt er, sicherlich im Text noch als rhetorische Floskel mit geringer Wahrscheinlichkeit formuliert, ungewollt eine Prognose zum weiteren Verlauf der Revolution in Frankreich.

Zu Aufgabe 11, S. 66
Methodisch-didaktischer Hinweis: In der Darstellung sollte die politische Kurzsichtigkeit Ludwigs XVI. erfasst werden. An folgenden Ereignissen kann das „nachholende Handeln" des Königs dargestellt werden:
- Versuch der Verhinderung der Abstimmung nach Köpfen in den Generalständen und Behinderung des Zusammentritts der Nationalversammlung,
- Zurückweichen des Königs vor der Nationalversammlung am 23. Juni 1789,
- 30 000 Soldaten werden vom König um Paris konzentriert (6. Juli),
- Entlassung Neckers und Berufung eines reaktionären Ministeriums (11. Juli),
- Verweigerung der Zustimmung des Königs zu den Beschlüssen der Nationalversammlung zur Abschaffung des Feudalsystems und zur Erklärung der Menschen- und Bürgerrechte.

Zu Aufgabe 12, S. 66
Siehe Erläuterungen zu M 8.

M 9, S. 66 f.
Die Departements – neue Verwaltungsbezirke für ein neues Frankreich

Das alte Verwaltungssystem war durch unübersichtliche feudale Strukturen und regionale Sonderrechte geprägt. Ämterkauf, oft willkürliche Amtsführung der königlichen Beamten und örtlichen Autoritäten

Zusatzmaterial ZM 4.3	**Übereinstimmungen der rechtlichen Grundlagen**

Erklärung der Menschen- und Bürgerrechte	**Grundgesetz**
Art. 1: Mensch ist frei und juristisch (nicht tatsächlich) gleich, Gleichheit an das Gemeinwohl/gesellschaftliche Nützlichkeit gebunden	
Art. 2: Schutz der Menschenrechte als Staatszweck	
Art. 3: Souveränität liegt in der Nation begründet	
Art. 4, 5: Freiheit findet ihre Grenze in der Freiheit des anderen	
Art. 6: Gesetz als Ausdruck des Gemeinwillens, Bürgerbeteiligung	
Art. 6: politische Gleichheit und Gleichheit vor dem Gesetz	
Art. 7: Gesetzesautorität, Rechtssicherheit	
Art. 8, 9: Gesetze ohne rückwirkende Kraft, Verhältnismäßigkeit der Mittel	
Art. 10, 11: Meinungs-, Presse- und Gewissensfreiheit; Freiheit hinsichtlich „Überzeugungen" keine Religionsfreiheit im modernen Sinn	
Art. 12: öffentliche Gewalt notwendig, aber immer dem allgemeinen Nutzen verpflichtet	
Art. 13, 14: Steuergleichheit aller Bürger gemäß dem Vermögen; gesetzliche Regelung der Steuer	
Art. 15: Rechenschaftspflicht und Kontrolle der öffentlichen Verwaltung	
Art. 16: Gewaltenteilung und Menschenrechtsgarantie	
Art. 17: Eigentum unantastbar (Art. 2); nur per Gesetz kann das Eigentumsrecht im öffentlichen Interesse eingeschränkt werden; Entschädigungspflicht	

signalisierten Reformbedarf. Durch die Munizipalrevolution im Sommer 1789 entstanden in den Städten und Gemeinden, regional sehr unterschiedlich in Zusammensetzung und Zielrichtung, bürgerliche Stadträte. Diese formierten nach Pariser Vorbild meist eigenständige Nationalgarden.
Ausgelöst durch die Beschlüsse der sog. „Opfernacht der Privilegierten" vom 4./5. August 1789 wurde relativ rasch die neue administrative Einteilung des Landes in etwa gleich große Departements umgesetzt und in der Verfassung von 1791 fixiert. Jedes Departement wurde einheitlich in Distrikte und Gemeinden untergliedert und den Verwaltungsebenen wurden spezifische Aufgaben zugewiesen.
Diese grundlegende Veränderung der Verwaltungsstruktur Frankreichs war
- eine Abkehr von regionalen Sonderrechten und feudalen Unübersichtlichkeiten,
- eine Reaktion auf die revolutionären Unruhen der Unterschichten in Stadt und Land sowie die damit verbundenen zentrifugalen Tendenzen,
- eine verwaltungsstrukturelle Umsetzung der Auffassung von der Konstituierung des Dritten Standes als einheitliche französische Nation,
- schließlich Ausdruck einer bürgerlich-rationalen Verwaltungsorganisation und Anknüpfung an Ideen der Aufklärung.

M 10, S. 66
Historische Provinzen Frankreichs

M 11, S. 66
Frankreichs neue Verwaltungsstruktur/Departements von 1789 (Karte)

Zu Aufgabe 13, S. 67
Siehe Erläuterungen zu M 9.

Zu Aufgabe 14, S. 67
Methodisch-didaktischer Hinweis: Die Schülerinnen und Schüler können vergleichend die Neuordnung der Verwaltungsstrukturen nach 1789 in Frankreich und nach 1989 in der DDR gegenüberstellen. Dabei sollten gleiche, ähnliche und gegensätzliche Aspekte erkannt und formuliert werden. Die nachfolgenden Impulsfragen können dabei eine Hilfestellung bieten:
- Wie war die Situation vor der Verwaltungsreform in Frankreich 1789/90 und in der DDR 1989/90?
- Wer kritisierte die „alten Verhältnisse" und warum?
- Welches staatlich-institutionelle und welches demokratische Selbstverständnis lagen der Kritik jeweils zugrunde (z. B. Zentralismus, Föderalismus, Volkssouveränität, Nation)?
- Welche grundlegend unterschiedlichen Rahmenbedingungen existierten in beiden Ländern (z. B. „Opfernacht der Privilegierten" vom 4./5. August 1789, staatliche Vereinigung nach Artikel 23 oder 146 Grundgesetz)?

M 12, S. 68 f.
Die Verfassung von 1791
Über die Verfassung von 1791, den Kern der ersten Revolutionsphase, schreibt Wolfgang Reinhard: „Bereits die Erklärung der Menschenrechte machte 1789 die Nation zum Inhaber der Souveränität und das Gesetz zum Ausdruck des Allgemeinwillens. Die Verfassung von 1791 schuf ein Staatsbürgerrecht und verkündete staatsbürgerliche Gleichheit – aber immer noch waren einige Franzosen gleicher als andere. Knapp drei Siebtel der Männer waren wegen Armut vom Stimmrecht ausgeschlossen und die Frauen sowieso. Dennoch waren die politischen Rechte weitreichender als in manchen späteren Verfassungen Frankreichs. Es herrschte Gewaltenteilung zwischen der Exekutive, dem König und seinen Ministern, der Einkammerlegislative, womit die Einheit der Nation betont und ein konservatives Oberhaus vermieden werden sollte, und der Justiz, die vereinheitlicht und um die angelsächsischen Geschworenengerichte, das Palladium (lat. Schutzbild, schützendes Heiligtum der Pallas Athene in Troja, später in Rom) aller Liberalen, erweitert wurde. Allerdings hatte der König ein aufschiebendes Veto bei der Gesetzgebung und die Versammlung ein Mitspracherecht in der Außenpolitik." (Wolfgang Reinhard, Geschichte der Staatsgewalt. Eine vergleichende Verfassungsgeschichte Europas von den Anfängen bis zur Gegenwart, Frankfurt/M. und Wien [Büchergilde Gutenberg] 2000, S. 413 f.)

M 13, S. 68
Die Lage des Königs nach Verabschiedung der Verfassung von 1791
Zum Bild: Der zeitgenössische anonyme Kupferstich symbolisiert durch den im Käfig sitzenden Ludwig XVI. die „doppelte Gefangenschaft": die konstitutio-

nelle Einbindung des Königs durch die Verfassung von 1791 und die faktische Arretierung nach seiner Flucht. Der Habsburger Leopold II., seit Februar 1790 römisch-deutscher Kaiser, war ein Bruder der französischen Königin Marie-Antoinette und damit Schwager des Königs. Er steht für den frei von konstitutionellen Bindungen regierenden Herrscher.
Am 6. Oktober 1790 muss der König mit seiner Familie wieder in die Tuilerien, dem Pariser Stadtschloss, einziehen. Am 20./21 Juni 1791 scheitert der Fluchtversuch der königlichen Familie und das Ansehen des Königs ist irreparabel beschädigt. Forderungen nach Abschaffung der Monarchie werden laut. Die Mehrheit der Abgeordneten der Nationalversammlung entscheidet sich noch für eine konstitutionelle Monarchie und der König leistet am 14. August 1791 den Eid auf die Verfassung. Zur Eröffnung der neuen Nationalversammlung am 7. Oktober 1791 hält Ludwig XVI. noch eine positiv aufgenommene Rede. Knapp ein Jahr später hat sich die Lage völlig geändert, Frankreich befindet sich im Krieg, schafft die Monarchie ab und erklärt sich zur Republik. Am 11. Dezember 1792 beginnt der Prozess gegen den König und am 21. Januar 1793 wird er hingerichtet.

M 14, S. 69
Die Verfassung von 1791

Methodisch-didaktischer Hinweis: Die Kompetenzen der jeweiligen Verfassungsorgane und die unterschiedlichen Strukturen von Legislative, Exekutive und Jurisdiktion können anhand des Schemas erarbeitet werden. Die starke Stellung des Königs mit Vetorecht, die durch die Verfassung vorgegebene Gewaltenteilung und die von der Steuerleistung abhängige Beschränkung des Wahlrechts sind problemlos aus dem Schema abzuleiten.

Zu Aufgabe 15, S. 69

Siehe Erläuterungen zu Aufgabe 14 und M 14.

Zu Aufgabe 16, S. 69

Methodisch-didaktischer Hinweis: Als Impulse kann besonders auf die Theorien von Montesquieu (Gewaltenteilung) verwiesen werden.

Zu Aufgabe 17, S. 69

Siehe Erläuterungen zu M 13.

Zu Aufgabe 18, S. 69

Recherchetipp: Die Schülerinnen und Schüler finden solche Darstellungen in fast allen älteren und neueren Geschichtsschulbüchern (Schulbibliothek) sowie im Internet.

M 15, S. 70 ff.
Eine Revolution, drei Richtungen der Interpretation

Methodisch-didaktischer Hinweis: Die Schülerinnen und Schüler können die drei Interpretationsvarianten nach folgenden Gesichtspunkten strukturieren und vergleichen:
- Ursachen
- Ziele
- soziale Träger und politische Eliten
- Revolutionsbegriff
- personalisierte oder strukturgeschichtliche Betrachtung
- historischer Einzelfall oder Modellrevolution
- Nachwirkung

M 16, S. 72
Bicentenaire de la Révolution, Gemälde von Eric Rouvre

Zum Bild: Der Künstler zitiert und verfremdet zahlreiche Symbole und Darstellungen der Französischen Revolution. So findet sich im Zentrum eine eine zerfetzte Trikolore schwingende barbusige Frau, ein Zitat des Gemäldes von Eugène Delacroix „Die Freiheit führt das Volk", das ursprünglich die Julirevolution von 1830 darstellt. Links im Bild wird, ausgehend von Rodins „Denker", die Erklärung der Menschen- und Bürgerrechte aufgegriffen und mit einem vertrockneten Freiheitsbaum konterkariert. Rechts sind der Sturm auf die Bastille und, durch zwei Ballons symbolisiert, die historische Verbindungslinie von 1789 zu 1989 angedeutet.
Der gesamte Bildvordergrund wird durch gewalttätige Atmosphäre und Opfer bestimmt. Eingebunden darin ist die Losung „Liberté, Egalité, Fraternité". Das gesamte Bild ist von kritisch-distanziertem Engagement für die Französische Revolution durchdrungen.

Kapitel 5
Phase 3: Revolution der Gleichheit oder Despotismus der Freiheit (1791–1794)?

M 1, S. 76
Anonymes Flugblatt, das eine Bilanz des Terrors zieht, Ende 1794

Das anonyme Flugblatt, wahrscheinlich nach dem Ende der Jakobinerherrschaft und der Hinrichtung von Robespierre am 10. Thermidor des Jahres II nach Einführung des Revolutionskalenders (28. Juli 1794) entstanden, versinnbildlicht die Stimmung in Frankreich auf dem Höhepunkt der Schreckensherrschaft: „Die Revolution frisst ihre Kinder." Vor einem Wald von Guillotinen exekutiert Robespierre, die Verfassungen von 1791 und 1793 mit Füßen tretend, den Henker. Weitere lebendige Personen sind auf dem Bild nicht dargestellt. Nur unterhalb der Guillotine ist im Vordergrund ein Korb mit Hingerichteten zu erkennen. Rechts erhebt sich aus dem „Guillotinen-Wald" eine Grabespyramide, an deren Spitze eine umgedrehte Jakobinermütze aufgespießt ist.

M 2, S. 77 f.
Aufruf „an Europens Fürsten über die französische Revolutionsseuche"

Zur Quelle: Der Aufruf erschien anonym in der von Sigmund Freiherr von Bibra herausgegebenen Zeitschrift „Journal von und für Deutschland", einer seit 1784 erscheinenden wissenschaftlichen und literarischen Zeitschrift mit aufklärerischen Positionen. Dieser Text formuliert – wenige Monate nach Beginn der Revolution – eine extrem aristokratisch-monarchische Position. Es wird eine „Einheitsfront" der Staaten des Ancien Régime ganz Europas gegen das revolutionäre Frankreich unter Zurückstellung der inneren Differenzen zwischen diesen Mächten gefordert. Dabei setzt der Verfasser auf harte und gewaltsame Aktionen und lehnt Reformen als für die Fürsten selbstmörderisch ab. Selbstkritische Positionen sind ihm fremd. In seiner Sprache nutzt er metaphorisch medizinische Sachverhalte zur Beschreibung der den europäischen Fürsten drohenden Gefahr: Er setzt die Ereignisse von 1789 („moralische Pest") mit der Pest im Jahr 1349 in Europa gleich, warnt vor „Wirkungen des ansteckenden Systems". Er kolportiert die Verschwörungsthese („Spione durchschleichen haufenweise eure Staaten und streuen da ihre Lehren aus.") und fürchtet dabei die Wirkungen der Losungen der Revolution und die Größe des Dritten Standes.

M 3, S. 78
Manifest des Herzogs von Braunschweig

Zur Quelle: Nach der Kriegserklärung Frankreichs an Österreich am 20. April 1792 mussten die unzureichend vorbereiteten und schlecht geführten französischen Truppen verschiedene Niederlagen hinnehmen. Diese Niederlagen und innenpolitische Entwicklungen lösten neue revolutionäre Aktionen aus. Am 20. Juni drangen Demonstranten in die Tuilerien ein und zwangen Ludwig XVI., die Jakobinermütze aufzusetzen. Vertreter der Nationalgarden aus ganz Frankreich versammelten sich in Erinnerung an den Bastille-Sturm in Paris und forderten von der Nationalversammlung die Absetzung des Königs.

In dieser revolutionär aufgeheizten Atmosphäre wurde das Manifest Ende Juli/Anfang August 1792 in Paris bekannt. Die im Text formulierte eindeutige Parteinahme für den König und die alte Ordnung wurde als nicht verhandelbare Aufforderung an die Revolutionäre und an die gesamte französische Bevölkerung deklariert. Im Fall des „Ungehorsams" der Franzosen wurde ein militärischer Rachefeldzug gegen Paris mit exemplarischen Folgen angedroht. Statt der von Preußen, Österreich, den Emigranten und Marie Antoinette erhofften einschüchternden Wirkung des Manifests trat das genaue Gegenteil ein. Die revolutionäre Fieberstimmung entlud sich in einem Aufstand. Am 10. August wurden die Tuilerien gestürmt, der König festgenommen und seines Amtes enthoben. Am 11. August übernahm ein vorläufiger Vollzugsrat die Regierung Frankreichs, das Zensuswahlrecht wurde abgeschafft und ein Nationalkonvent sollte nach neuem Wahlrecht gewählt werden. Eine neue Etappe der Revolution begann und Frankreich war auf dem Weg zur Republik.

M 4, S. 78 f.
Die Kriegsdebatte in Frankreich

M 4 a, S. 78 f.
Rede Brissots im Jakobinerklub, 16. Dezember 1791

Zur Person: Jacques-Pierre Brissot, am 15. Januar 1754 in der Provinz geboren und später Anwalt in Paris – wie viele führende Revolutionäre –, begeistert sich für Naturwissenschaften, gründet mehrere Zeitschriften und arbeitet als Journalist. Vor der Revolution hält er sich längere Zeit in London auf und besucht 1788 Nordamerika. Von dort kehrt er als überzeugter Republikaner zurück. Brissot wird Jakobiner, in die erste Pariser Kommune und 1791 in die Nationalversammlung gewählt. Dort schließt er sich den Girondisten an und wird einer ihrer Führer. Er tritt für die Absetzung Ludwigs XVI. und für einen Krieg gegen die „despotes couronnés" Europas ein. Zunehmend gerät er mit Robespierre und den linken Jakobinern in Konflikt und wird im Oktober 1792 aus dem Jakobinerklub ausgeschlossen. Am 31. Oktober 1793 wird er mit anderen Girondisten hingerichtet.

Zur Quelle: Die Furcht vor konterrevolutionären Angriffen von innen und außen wurde durch den Fluchtversuch des Königs (21. Juni 1791) und die preußisch-österreichische Deklaration von Pillnitz (27. August 1791) verstärkt. In ihr formulierten beide Mächte – auch auf Druck der Emigranten – eine Interventionsdrohung gegenüber dem revolutionären Frankreich und verstärkten dessen Isolation.

In der Nationalversammlung spitzte sich die Auseinandersetzung über den Krieg zu. Sie polarisierte die Abgeordneten, vor allem Brissot und die Girondisten sprachen sich für den Krieg aus. Sie erwarteten, dass auf diese Weise die revolutionären Aktivitäten der Unterschichten nach außen abgelenkt und die rechten Gegner der Verfassungsrevolution ausgeschaltet werden können sowie sie selbst die Regierung übernehmen könnten. Schließlich erfolgte am 20. April 1792 auf Vorschlag des Königs – er hoffte auf eine Niederlage des revolutionären Frankreichs – durch den Nationalkonvent die Kriegserklärung an Österreich.

In seiner Rede vor dem Jakobinerklub am 16. Dezember 1791 gab Brissot die Richtung für die nationalistische Propaganda, das missionarische Sendungsbewusstsein und den universalistischen Geltungsanspruch der Ideale von 1789 als Werbung und Begründung für den Krieg vor. Diese Rede war der Ausgangspunkt des Konflikts mit Robespierre, der diesen Krieg zunächst vehement ablehnte.

M 4 b, S. 79
Robespierre antwortet Brissot in einer Rede gegen den Krieg im Jakobinerklub, 2. Januar 1792

Zur Person: Der Jurist Maximilien de Robespierre (1758–1794) aus Arras vertrat den Dritten Stand in den Generalständen seit dem Frühjahr 1789. Er gewann nach 1791 im Jakobinerklub einen dominanten Einfluss, zumal sein bescheidener Lebenswandel und die Klarheit seiner Argumente die Pariser Kleinbürger beeindruckten. Als Abgeordneter im Konvent, der am 20. September 1792 zusammentrat, übernahm er nach Ausschaltung der Girondisten die Führung des Wohlfahrtsausschusses.

Zur Quelle: Robespierre warnte eindringlich vor dem Krieg und seinen unkontrollierbaren Folgen:
- Er forderte eine klare Analyse des inneren und äußeren Kräfteverhältnisses.
- Er warnte vor revolutionären Illusionen und vor einem bewaffneten „Export der Revolution".
- Er fragte nach den (aktuellen) Nutznießern des Krieges.

Robespierres Mahnungen fanden kein Gehör. Nach der Kriegserklärung am 20. April 1792 an Österreich trat zur Überraschung der revolutionären Kriegspartei in Frankreich Preußen in den Krieg ein. Der als revolutionärer Präventivkrieg begonnene Kampf brachte zunächst den unzureichend vorbereiteten und schlecht geführten französischen Truppen verschiedene Niederlagen ein. Diese Niederlagen und neue revolutionäre Aktionen in Frankreich führten schließlich zur Errichtung der Republik (21. September 1792). Militärisch gab es nach der Kanonade von Valmy (20. September 1792) die Wende, französische Truppen gingen in die Offensive und drangen tief in die Territorien der Kriegsgegner ein.

Zu Aufgabe 1, S. 79

Methodisch-didaktischer Hinweis: Die Argumente für und gegen den Krieg sowie seine Auswirkungen lassen sich in einem Arbeitsblatt gegenüberstellen: Dabei sollte auch auf den interessenbedingten „Frontenwechsel" der beteiligten Akteure verwiesen werden. Siehe Arbeitsblatt ZM 5.1 auf der folgenden Seite.

Zusatzmaterial ZM 5.1	**Arbeitsblatt: Argumente für und gegen den Krieg**

	„Pro" Krieg	„Kontra" Krieg
Stimmungslage in der französischen Bevölkerung		
politische Gruppierungen und ihre Haltungen zum Krieg		
militärische Ausgangslage		
außenpolitische Lage Frankreichs		
Kriegsverlauf bis zur Kanonade von Valmy		
Kriegsverlauf nach der Kanonade von Valmy		

M 5, S. 79
Auszug aus der Zeitung „Chronique de Paris" vom 20. 8. 1792
Zur Quelle: Diese Zeitungsnotiz informiert sachlich über den Verfasser von „Allons enfants de la Patrie" und über den Weg dieses Liedes nach Paris. Die allgegenwärtige Präsenz des Liedes, seine emotionale Wirkung auf der Straße und in den Theatern sowie seine aktivierende Rolle für die revolutionäre Stimmung werden anschaulich beschrieben. Ein leicht besorgter Unterton schwingt im Text aber mit.

M 6, S. 80
Marseillaise
Die Darstellung kombiniert die Text- und Notenseite der Marseillaise mit der Darstellung marschierender Soldaten, angeführt von einem Offizier, einem Trommler und zwei Bläsern. Dabei muten die Marschierenden eher wie ein Ballettkorps an.
Die Marseillaise entstand ursprünglich als revolutionäres „Kriegslied für die Rheinarmee" nach der französischen Kriegserklärung an Österreich am 20. April 1792. Komponiert und getextet hat dieses Lied der aristokratische Pionieroffizier Claude-Jospeh Rouget de Lisle in Straßburg. Seinen heutigen Namen verdankt es den Freiwilligen aus Marseille, die es als Marschlied im Juli 1792 nach Paris brachten. Die Marseillaise war bald das populärste Lied der Revolution und wurde am 14. Juli 1795 zur Nationalhymne der Franzosen. Während der Herrschaft Napoleons und der folgenden Restaurationszeit wurde die Marseillaise verboten. In der Revolution von 1830 wurde das Lied erneut aufgegriffen und 1879 wieder offizielle Nationalhymne.

M 7, S. 80
Aus der „Marseillaise" von Rouget de Lisle
Wortgetreue Übersetzung (aus: Die Französische Revolution. Ein Lesebuch mit zeitgenössischen Berichten und Dokumenten, Stuttgart [Reclams Universal-Bibliothek Nr. 8535] 1989, S. 210):

Vorwärts, Kinder des Vaterlandes,
der Tag des Ruhms ist da.
Gegen uns hat die Tyrannei
Ihre blutigen Standarten erhoben.
Hört ihr im Gelände
Die wilden Soldaten brüllen?
Sie kommen,
um unsere Söhne und Frauen in unseren Armen
zu töten.
[Refrain:]
Zu den Waffen, Bürger! Stellt eure Bataillone auf,
wir wollen marschieren, unreines Blut soll unsere Äcker tränken.

Zu Aufgabe 2, S. 80
Siehe auch Erläuterungen zu M 2 bis M 7.

Zu Aufgabe 3, S. 80
Siehe auch Übersetzung zu M 7.

Zu Aufgabe 4, S. 80
Siehe auch Übersetzung zu M 7.

M 8, S. 81
„Das Volk will es"
Zur Person: Siehe Erläuterungen zu M 4a.
Zur Quelle: Nach den revolutionären Ereignissen vom August 1792 und der Kanonade von Valmy (20. September 1792) wird am 21. September 1792 die Republik ausgerufen. Brissot, ein Anhänger der Republik seit seinem Aufenthalt in Nordamerika 1788, begrüßt in seiner Zeitschrift „Le Patriote francais" diesen Schritt. Dabei beschreibt er das Drängen des „Volkes" zur Republik und die jüngsten Erfahrungen mit dem König sowie die Überflüssigkeit und die Gefährlichkeit des Erbkönigtums. Das Volk wird dabei als Ideenspender und der Konvent als ausführendes Gremium dargestellt. Dieser Kommentar ist auch im Kontext mit den scharfen Auseinandersetzungen zwischen Brissot und den Jakobinern um Robespierre zu sehen.

M 9, S. 81 f.
Maximilien de Robespierre: „Ludwig muss sterben!"
Zur Person: Siehe Erläuterungen zu M 4 b und im Schülerband, S. 157 (Personenlexikon).
Zur Quelle: In der Rede „Ludwig muss sterben" beim Tribunal im Konvent steht für Robespierre nicht das individuelle Los des Königs im Vordergrund, sondern die Frage nach der Weiterentwicklung der Revolution nach Gründung der Republik: Stillstand oder Fortgang, das war die Frage! Die antimonarchische Stimmung war seit der Flucht der Königsfamilie und deren Verhaftung bei Varennes angewach-

sen und hatte am 10. August 1792 zu neuen Erhebungen in Paris geführt, wo der König mit seiner Familie im Temple interniert war.
In Robespierres Augen war der König schon verurteilt: Er hielt dessen Hinrichtung (21. Januar 1793) für politisch notwendig und existenzsichernd für die Revolution. Kein Prozess im eigentlichen Sinn wird hier gegen den König geführt, vielmehr ist der König durch die Gründung der Republik abgesetzt. Er ist der eigentliche Rebell, er ist bereits verurteilt, da er im Machtkampf unterlegen ist. Konterrevolutionär ist, wer die weitere Entwicklung der Revolution infrage stellt, etwa durch einen Prozess gegen den König mit möglichem Freispruch. Die Normen des positiven und zivilen Rechts erscheinen disponibel, die Revolution muss ohne Rücksicht darauf voranschreiten. Individuelle Rechte bestehen für den König nicht mehr, er befindet sich mit den Bürgern nach wie vor im Kriegszustand.

M 10, S. 82
Romain de Sèze verteidigt den König am 26. Dezember 1792

Zur Quelle: Als einer der Verteidiger des Königs argumentiert de Sèze auf der Basis der Verfassung von 1791 juristisch: Nach der Verfassung kann der König nur zur Abdankung gezwungen werden und dieser Schritt ist bereits vollzogen. Damit fehlt die Rechtsgrundlage für einen Prozess und eine Verurteilung. Wird Ludwig dagegen als Bürger verurteilt, so muss er wenigstens ein rechtsstaatliches Verfahren erwarten können. Da aber der Konvent als Ankläger, Richter und Geschworener fungiert – und damit die Gewaltenteilung aufhebt –, wird gegen von der Revolution aufgestellte Prinzipien verstoßen. Auch wäre solch ein Verfahren weder rechtens noch fair.
Diese juristische Betrachtung des Falls abstrahiert von der historisch-politischen Situation und verdeutlicht das Spannungsverhältnis von gesetzeskonformem Handeln und revolutionärem Prozess.

M 11, S. 82f.
Der Nationalkonvent beschließt die Todesstrafe für Ludwig Capet

Der Historiker Axel Kuhn schreibt dazu: „Am 11. Dezember begann der Prozess gegen den König. Indem die Abgeordneten gleichzeitig zu Richtern wurden, hoben sie, ebenfalls im Vorgriff auf eine neue Verfassung, die Gewaltenteilung auf. Am 14. Januar 1793 wurde Ludwig XVI. fast einstimmig für schuldig erklärt, sich gegen die öffentliche Freiheit und die nationale Sicherheit verschworen zu haben. Mit knapper Mehrheit wurde er am 16. und 17. Januar in namentlicher Abstimmung zum Tode verurteilt; 387 Abgeordnete entschieden sich für, 334 gegen die Hinrichtung, 26 wollten eine Aussetzung des Todesurteils. Dies wurde am 18. Januar mit 380 zu 310 Stimmen abgelehnt. Am 20. Januar erstach ein königlicher Leibwächter den Abgeordneten Michael Lepeletier, der für den Tod des Königs gestimmt hatte. Am 21. Januar 1793 wurde Ludwig XVI. hingerichtet." (Axel Kuhn, Die Französische Revolution, Stuttgart [Reclams Universal-Bibliothek Nr. 17017] 1999, S. 91f.)

Zu Aufgabe 5, S. 83

Siehe Erläuterungen zu M 8 bis M 11.
Methodisch-didaktischer Hinweis: Die politischen, historischen und juristischen Argumente für und gegen die Verurteilung Ludwigs XVI. lassen sich in den Aussagen von Robespierre und de Sèze finden und gegenüberstellen. Die Frage, ob der König sterben musste, damit das revolutionäre Frankreich überleben konnte, kann als prototypische Fragestellung für eine Erörterung über das Spannungsverhältnis von revolutionärer Gewalt und kodifiziertem Recht genutzt werden. Der revolutionäre Prozess und seine Ergebnisse in Frankreich machen dabei die Grenzen einer rein „historisch-politischen" oder nur „formal-juristischen Betrachtung" sichtbar.

Zu Aufgabe 6, S. 83

Siehe Erläuterungen zu Aufgabe 5.

Zu Aufgabe 7, S. 83

Methodisch-didaktischer Hinweis: Die Hinrichtung Ludwigs XVI. erschütterte das durch Tradition geheiligte monarchische Prinzip nicht nur in Frankreich, sondern in ganz Europa. Die Schülerinnen und Schüler können mit dem Hinweis auf diesen unerhörten Bruch – aus der Sicht aller beteiligten Seiten – auf die Tiefe des Konflikts, den langfristigen Charakter des nun ausgeweiteten Krieges und die – zunächst – nicht möglichen Kompromisse zwischen dem revolutionären Frankreich und dem monarchischen Europa in ihrer Beurteilung unterstützt werden.

Zu Aufgabe 8, S. 83

Siehe Erläuterungen zu M 12.

M 12, S. 83
Der König verabschiedet sich von seiner Familie, Ausschnitt aus dem Gemälde von Charles Benazech, 1793

Zum Bild: Im Zentrum des Gemäldes ist der sitzende, von seiner Familie umgebene König mit traurig-abwesendem Blick zu erkennen. Hinter ihm steht die Königin, erschrocken und gleichzeitig durch die ausgebreiteten und nach oben und vorn weisenden Hände der Gemeinschaft Schutz gebend. Die Tochter lehnt sich verzweifelt gegen den Körper ihres Vaters und der künftige Ludwig XVII. hält und küsst die Hand des Monarchen. Links von dieser Gruppe ist vor einem umgestürzten Sessel Elisabeth, die Schwester des Königs, zu erkennen. Kniend und die Hände flehend erhoben, hofft sie auf göttlichen Beistand. Bei den beiden Figuren rechts im Bild handelt es sich um den königlichen Kammerdiener und einen durch die Szene herbeigelockten Wachposten. Ganz rechts steht Abbé Edgeworth – Beichtvater Elisabeths. Er hat seine Hände zu einer Bittgeste gefaltet. Hinter ihm symbolisiert ein lichtbeschienenes Kruzifix christliche Frömmigkeit und Hoffnung.

M 13, S. 83 ff.
Die Verfassung der französischen Republik vom 24. Juni 1793

Mit den Augustunruhen 1792 und der Errichtung der Republik am 21. September 1792 war die Verfassung von 1791 obsolet. Wahlen nach allgemeinem Wahlrecht zu einer neuen Nationalversammlung (Nationalkonvent) wurden beschlossen. Dieser Konvent sollte eine republikanische Verfassung ausarbeiten. Am 20. September 1792 trat die neue Nationalversammlung erstmals zusammen und beschloss am folgenden Tag die Abschaffung der Monarchie. Daraufhin verließen alle Abgeordneten der Rechten aus Protest die Versammlung. Die verbliebenen Abgeordneten formierten sich als Montagnarden („Berg" – die radikalen Jakobiner um Robespierre und Danton) und die aus dem Jakobinerklub ausgetretenen Girondisten nun als gemäßigte bürgerliche Revolutionäre in Opposition zum „Berg". Die große Menge der Abgeordneten schwankte in ihrem Abstimmungsverhalten zwischen beiden Gruppen und wird als Marais (Ebene oder Sumpf) bezeichnet.

Bis zum Sommer 1793 wurde von einer Abgeordnetengruppe um Hérault de Séchelles ein Verfassungstext ausgearbeitet und am 24. Juni 1793 vom Konvent verabschiedet. Im Juli folgte ein Referendum über die neue Verfassung. Am 10. August 1793 wurde schließlich die neue republikanische Verfassung feierlich verkündet. Sie wurde jedoch bis zum Friedensschluss ausgesetzt und trat niemals in Kraft.

Nach Wolfgang Reinhard war die Verfassung von 1793 die „eines radikaldemokratischen Sozialstaats ... Der Menschen- und Bürgerrechtskatalog enthielt erstmals neben dem Recht auf Eigentum auch soziale Grundrechte wie den Anspruch auf Bildung, auf einen Arbeitsplatz, auf Unterstützung im Notfall und verkündete sogar die Pflicht zum Widerstand gegen Rechtsverletzungen der Staatsgewalt. Anträge auf Frauenwahlrecht wurden verworfen, doch erhielten die Frauen rechtliche Gleichstellung, die allerdings von Napoleon ebenso wie die Sklavenbefreiung wieder rückgängig gemacht wurde. Statt Gewaltenteilung sollte die Exekutive in der Hand eines Ausschusses der Legislative liegen. Diese selbst war nur für ein Jahr zu wählen und außerdem an die Zustimmung der Wähler zu ihren Gesetzen gebunden, Ansätze zur Volksbefragung hatte es schon in der Verfassung von 1791 gegeben." (Wolfgang Reinhard, Geschichte der Staatsgewalt. Eine vergleichende Verfassungsgeschichte Europas von den Anfängen bis zur Gegenwart, Frankfurt/M. und Wien [Büchergilde Gutenberg] 2000, S. 414)

M 14, S. 84
Die französische Verfassung vom 24. Juni 1793

Methodisch-didaktischer Hinweis: Die Kompetenzen der jeweiligen Verfassungsorgane und die Schlüsselrolle der Legislative werden durch das Schema verdeutlicht. Das allgemeine Männerwahlrecht und die Möglichkeiten der direkten Demokratie als Ausdruck der Volkssouveränität sind problemlos aus dem Schema abzuleiten. Ein Vergleich mit dem Schema „Die Verfassung von 1791" (Schülerband Kap. 4, M 14, S. 69) bietet sich an.

M 15, S. 85
Schema des provisorischen Herrschaftssystems der Revolutionsregierung 1793/94

Die Frühjahrskrise 1793 markierte den ersten Höhepunkt der zweiten Phase der Revolution. Die Republik war durch die Koalitionsarmeen der europäischen Monarchen in schwere Bedrängnis geraten. Im Inneren erschütterten Aufstände die Nation, die

städtischen Volksmassen standen vor einer Hungerkrise. Unruhen königs- und kirchentreuer Bauern gegen die Revolutionsregierung begannen in der Vendée und die Schuldenlast des Staates stieg weiter, begleitet von einer raschen Geldentwertung.
Angesichts der Erfolglosigkeit der verantwortlichen Girondisten übernahmen die radikalen Jakobiner in dieser Situation das Ruder. Unterstützt wurden sie dabei von den Sansculotten, die gemeinsam mit den Montagnarden die systematische Bestrafung der inneren und äußeren Feinde der Republik forderten. Auf Drängen des Anwalts Georges Jacques Danton (1759–1794) beschloss der Nationalkonvent am 10. März die Bildung des so genannten Revolutionstribunals, gegen dessen Urteil es keine Berufung gab. Als Exekutivorgan mit weitreichenden Befugnissen folgte im April die Errichtung des Wohlfahrtsausschusses, einer Art Revolutionsregierung, die zuerst von Danton, vier Monate später von Robespierre selbst geleitet wurde und durch die Vielzahl der Befugnisse die Gewaltenteilung außer Kraft setzte.

Zu Aufgabe 9, S. 85
Siehe Erläuterungen zu M 13 und M 14.

Zu Aufgabe 10, S. 85
Als Orientierungshilfe bietet sich das Arbeitsblatt ZM 5.2 auf der nächsten Seite an.

Zu Aufgabe 11, S. 85
Siehe Erläuterungen zu M 14 im Schülerband Kap. 4, S. 69, zu M 15 im Schülerband Kap. 5 sowie das Arbeitsblatt ZM 5.2 zu Aufgabe 10.

Zu Aufgabe 12, S. 85
Siehe Erläuterungen zu M 15.

M 16, S. 85f.
Terror als revolutionäres Instrument
Zur Quelle: Dieser Text entstand nach dem vom Konvent am 17. September 1793 beschlossenen „Gesetz über die Verdächtigen", in der Zeit der organisierten Schreckensherrschaft. Gleichzeitig hatte sich die Lage der städtischen Unterschichten durch Versorgungskrise und Geldentwertung verschlechtert und die Unzufriedenheit wuchs. Am 29. September 1793 wurde unter dem Druck der revolutionär gestimmten Pariser Sektionen das „Gesetz über das Große Maximum" verfügt. Es legte Höchstsätze sowohl für ausgewählte Warenpreise wie für Löhne fest.
Im Text verbinden sich Rechtfertigung und Unterstützung des Terrors gegen innere und äußere Konterrevolutionäre mit den Forderungen der Sansculotten in den Pariser Sektionen nach sozialpolitischen Eingriffen auch in bürgerliche Eigentumsverhältnisse. Damit wird deutlich, dass auch nach Ausschaltung der „Enragés" im September 1793 deren Forderungen in den Pariser Sektionen noch virulent waren.

M 17, S. 86
Jacques Roux, Manifest der Enragés
Zur Person und Quelle: Der Kleriker Jacques Roux ging 1790 nach Paris und fand in der „Section des Gravilliers" seine politische Heimat. Unter der Jakobinerherrschaft betätigte sich Roux höchst aktiv. Am 12. Juni 1793 berief ihn der Generalrat als einen der Redakteure der „Affiches de la Commune". Roux verlas am 25. Juni im Konvent im Namen von Cordeliers sowie der Sektionen Gravilliersun Bonne Nouvelle das (in Auszügen) abgedruckte Manifest. Als die Jakobiner sich bemühten, die Sansculotten und die „Enragés" als eigenständige politische Bewegung auszuschalten, geriet Roux in politische Schwierigkeiten. Robespierre griff ihn scharf an, schließlich verhaftete man ihn. Seine Lage betrachtete Roux als aussichtslos, da man auch seine Anhänger festgenommen hatte. Am 14. Januar 1794 unternahm er einen ersten Selbstmordversuch, am 10. Februar erdolchte er sich im Krankensaal des Zuchthauses von Bicètre.

M 18, S. 86f.
Aus einem Artikel von Camille Desmoulins (1760–1794) in „Vieux Cordelier", 24. Dezember 1793
Zu Person und Quelle: 1790 gehörte Desmoulins neben Marat und Danton zu den Mitbegründern des Klubs der Cordeliers und war seither mit Danton befreundet. Dieser Klub stand politisch links vom Jakobinerklub und war stärker als dieser basisdemokratisch geprägt. Nach dem Sturm auf die Tuilerien am 10. August 1792 zog Desmoulins an der Seite von Danton als Generalsekretär in das Justizministerium ein. Von der Pariser Gemeinde in den Konvent gewählt, stimmte er für den Tod des Königs. Obwohl ein Jugendfreund Robespierres, lässt das zuneh-

Zusatzmaterial ZM 5.2	**Arbeitsblatt: Verfassungen im Vergleich**

	Verfassung von 1791	Verfassung von 1793
Vorgeschichte (innere und äußere Rahmen-bedingungen)		
Zusammensetzung der jeweiligen National-versammlung		
Wahlrecht (Aktiv- und Passivbürger)		
Aussagen zum Eigentum und zu sozialen Rechten		
Gewaltenteilung		

mende Ausmaß der Gewalt ihn Ende 1793 gegen Robespierre und den Terror opponieren. Im Konvent zu den Montagnarden gehörend, versuchte er mit Danton auf eine Versöhnung der Parteien hinzuwirken und schlug die Einrichtung eines Gnadengerichts vor.
Als prominenter Revolutionär und Journalist verfasste er verschiedene revolutionäre Schriften und begründete mehrere Zeitungen. Ab 5. Dezember 1793 gab er den „Vieux Cordelier" heraus. In einer der ersten Ausgaben erschien der abgedruckte Text. In diesem Beitrag und als Herausgeber des Journals vertrat Desmoulins seine nun gemäßigten Positionen und kritisierte mit Geist und beißender Satire die Tyrannei der Schreckensherrschaft und forderte zu wahrer Freiheit, Mäßigung und vernünftiger Handhabung der Gesetze auf. Am 31. März 1794 wurde er zusammen mit Danton u. a. verhaftet und am 5. April 1794 hingerichtet.

M 19, S. 87
Verhör vor einem Revolutionsgericht, kolorierte Radierung, 1794

Zum Bild: Bereits am 10. März 1793 war nach einer Initiative Dantons das Revolutionstribunal eingerichtet worden, ein Gerichtshof für Prozesse gegen politische Täter. Es wurde zu einem der wichtigsten Instrumente der Terrorherrschaft. Die lokalen Überwachungskomitees konnten nach dem „Gesetz über die Verdächtigen" vom 17. September 1793 in ihren Zuständigkeitsbereichen Verdächtige in Listen erfassen und festnehmen. Die Namen der Festgenommenen wurden dem Sicherheitsausschuss in Paris übermittelt. In der Regel wurden dann die Betroffenen vor das Revolutionstribunal gestellt. Auch in den Provinzen gab es ähnliche Tribunale. Das Tribunal kannte nur die Entscheidung schuldig oder unschuldig. Bei einem Schuldspruch, der Regelfall, erfolgte die Todesstrafe.
Links im Bild ist der Verdächtige – er trägt die aristokratischen Kniebundhosen – in würdiger Haltung, mit vor der Brust gefalteten Händen und allein auf sich gestellt zu sehen. Die anderen acht Personen sind durch ihre Jakobinermützen bzw. Hüte mit der Revolutionskokarde als die Vertreter der Revolution in diesem Verfahren ausgewiesen. Die auf bzw. unter dem Tisch stehenden Weinflaschen und die beiden bereits Eingeschlafenen deuten auf beträchtlichen Alkoholgenuss hin. Einer der Verhörenden raucht Pfeife, andere trinken weiter, es gibt keinen Protokollanten. Die Körpersprache der verhörenden Personen deutet auf die Vorverurteilung des Beschuldigten hin. Dieses Bild zeigt eine Verhörszene, die den Regeln eines fairen Gerichtsverfahrens Hohn spricht. Wahrscheinlich ist die Radierung erst nach dem 9. Thermidor (27. Juli 1794) öffentlich gemacht worden.

Zu Aufgabe 13, S. 87
Siehe Erläuterungen zu M 16 und M 17.

Zu Aufgabe 14, S. 87
Siehe Erläuterungen zu M 16 und M 17.

Zu Aufgabe 15, S. 87
Siehe Tafelanschrieb auf der nächsten Seite.

Zu Aufgabe 16, S. 87
Methodisch-didaktischer Hinweis: Die sozialpolitischen Vorstellungen der Montagnarden um Robespierre im Konvent waren von der Vision einer neuen Gesellschaft der kleinen Eigentümer bestimmt. Sie traten für die Sozialbindung des Eigentums ein, nicht für seine Aufhebung. Die Enragés und andere Gruppierungen der Sansculotten forderten dagegen Einschränkung bzw. Abschaffung des Privateigentums. Die Grenze verlief zwischen radikaldemokratischen und frühsozialistischen Positionen. Als Impuls können folgende Fragen genutzt werden:
- Welche sozialen Kräfte sind an Eingriffen ins Eigentumsrecht interessiert?
- Welche konkreten Bedürfnisse und Ziele haben sie?
- Welche politischen Gruppierungen formulieren und vertreten diese Forderungen?
- Welche Instrumente will man zur Durchsetzung dieser Forderungen einsetzen?
- Welche Kräfte stehen gegen solche Eingriffe ins Eigentumsrecht?

Zu Aufgabe 17, S. 87
Methodisch-didaktischer Hinweis: Die Erörterung der Strategie der Krisenbewältigung durch die Revolutionsführung durch die Schülerinnen und Schüler sollte folgende Aspekte einschließen:
- Krieg gegen die Koalition europäischer Monarchien (u. a. revolutionäre Umformung der Armee),
- „Schreckensherrschaft" im Inneren (u. a. Glaube an die Allmacht der Gewalt),

- straffe staatliche Zentralisierung (u. a. Gründung des Wohlfahrtsausschusses),
- sozialpolitische Maßnahmen (u. a. radikaldemokratische Lösung der Agrarfrage, Gesetz über das Große Maximum),
- Dechristianisierung sowie revolutionäre Ideologie und Symbolik (u. a. Einführung des republikanischen Kalenders),
- Ausschaltung „rechter" und „linker" Gegner (u. a. Hinrichtung der Girondisten und Hebertisten).

M 20, S. 88
Das Volksaufgebot – (Levée en masse), 23. August 1793

Zur Quelle: Nach den militärischen Rückschlägen und den konterrevolutionären Aufständen befand sich die französische Republik im Sommer 1793 in einer schweren Krise. Etwa zwei Drittel Frankreichs waren in diesen Monaten nicht mehr fest in der Hand des Wohlfahrtsausschusses. Die Sorge um die Zukunft der Revolution und der Druck der Sansculotten in Paris führten zum Beschluss des Konvents vom 23. August über das Volksaufgebot. Damit wurden das Bevölkerungs- und Wirtschaftspotenzial Frankreichs für die innere und äußere Kriegsführung mobilisiert und ein zahlenmäßiges Übergewicht der Revolutionstruppen erreicht. Im Sommer 1794 hatte die Revolutionsarmee eine Stärke von 800 000 Soldaten. Diese quantitative Entwicklung ging mit strukturellen Veränderungen (auf Offensive setzende neue Generäle, die von der Revolution geprägt und durch militärische Leistungen aufgestiegen waren), einer neuen Kampfweise (gestaffelte Kolonnen und aufgelockerte Schützenlinien) und – später – auch überlegener Ausrüstung (Rolle der Artillerie) einher. Die Mischung von revolutionär geprägten Interessen der nun in der Armee dienenden Unterschichten, die revolutionäre Propaganda und der Druck der Jakobinerherrschaft schufen langfristig eine den Prinzipien der Revolution verbundene Truppe.
Die Revolutionsarmee besiegte das gut ausgerüstete Heer Österreichs am Rhein und im Elsass. Im September mussten die Engländer die Belagerung von Dünkirchen aufgeben und Ende 1793 wurden sie aus Toulon vertrieben. Die Aufständischen der Vendée wurden schwer geschlagen. Am 26. Juni 1794 brachten die Revolutionstruppen dem Gegner bei Fleurus den heftigsten Schlag bei. Dadurch wurde der Krieg aus Frankreich wieder auf das Gebiet der antifranzösischen Koalition getragen.

TAFELANSCHRIEB

Freiheitsbegriffe von Roux (M17) und Desmoulins (M18)

Freiheitsbegriff nach Roux	Freiheitsbegriff nach Desmoulins
Freiheit besitzt eine wesentliche sozioökonomische Dimension: Ihr Ziel ist die gesellschaftliche Gleichheit. Solange eine „Menschenklasse" die andere ausbeutet, gibt es keine Freiheit. Voraussetzung für den Sieg der Revolution und die Errichtung einer wahren republikanischen Ordnung ist die Existenzsicherung der Bürger, Sansculotten und Armen, ihre Versorgung mit Lebensmitteln zu erschwinglichen Preisen.	Freiheit beruht auf Gerechtigkeit und zeichnet sich durch Rechtssicherheit aus. Die Güter der Freiheit sind die Erklärung der Menschenrechte und die republikanischen Grundsätze der Brüderlichkeit, Gleichheit und Prinzipientreue.
Die Grundlage der Freiheit wird durch gewaltsame Maßnahmen und ein eindeutiges revolutionäres Verfassungswerk gelegt.	Die Grundlage der Freiheit kann nicht durch eine Politik des Terrors gesichert werden, diese schafft der Republik nur Feinde. Auch zeigt die Freiheit nicht ihr wahres Wesen in jakobinisch-sansculottischen Festen und Symbolen, sondern in einer vernünftigen und sanften Ausgestaltung ihrer Verfassung. Ihren freiheitlichen Charakter kann die Revolution vor allem durch die Haftentlassung ihrer angeblichen Feinde unter Beweis stellen.

Zu Aufgabe 18, S. 88

Methodisch-didaktischer Hinweis: Die Schülerinnen und Schüler geben Maßnahmen der allgemeinen Mobilmachung an und belegen sie:
- allgemeine Wehr- und Dienstpflicht für alle Franzosen ohne Ausnahme (Art. 1, 7),
- Begrenzung dieser Maßnahme bis zur Befreiung des gesamten Staatsgebietes (Art. 1),
- differenzierte Aufgabenverteilung für Männer und Frauen, Verheiratete und Unverheiratete, Alte und Junge (Art. 2),
- differenzierte Bewaffnung nach Front- oder Hinterlandeinsatz (Art. 3),
- Nutzung öffentlicher Gebäude und Konzentration der Waffenproduktion in Paris (Art. 2, 5),
- Organisation und personelle Sicherstellung der Rüstungsproduktion direkt durch den Wohlfahrtsausschuss (Art. 5),
- Finanzierung der Rüstung und des Krieges (Art. 5),
- Requirierung der Pferde und Umwandlung der Steuerschuld in eine Getreide-Naturalabgabe der Bauern (Art. 4, 14),
- Gleichstellung von Zivil- und Militärkommissaren – Abgeordnete in Mission (Art. 6).

Zu Aufgabe 19, S. 88

Methodisch-didaktischer Hinweis: Die Schülerinnen und Schüler recherchieren in Literatur und Internet. Dabei konzentrieren sich die Ergebnisse u. a. auf folgende Aussagen:
- Die Truppen der Koalitionsmächte bestanden aus gepressten Untertanen und fremden Söldnern.
- In den Armeen war die ständisch geprägte Hierarchie besonders ausgeprägt und erschwerte militärische Neuerungen.
- Die Kriegsführung war defensiv und langsam. Der „moralische Faktor", die Motivation der Soldaten, wurde unterschätzt und es dominierte die Lineartaktik.
- Die Kriege wurden als „Kabinettskriege" geführt. Diese stellten zwar die Grenzen der Staaten, nicht aber ihre sozialen Fundamente infrage.

M 21, S. 88 f.
Die Schreckensherrschaft

M 21a, S. 88 f.
Gesetz über die „Verdächtigen" vom 17. September 1783

Zur Quelle: Ein entscheidendes Instrument während der Jakobinerherrschaft war der Terror. Ursprünglich als befristetes Mittel gedacht, die Ordnung zu erhalten und anarchische Gewalt (wie z. B. bei dem Septembermassaker 1792) zu unterbinden, diente der Terror nicht nur zu politischen Eingriffen auf wirtschaftlichem und militärischem Gebiet, sondern auch zur umfassenden Ausschaltung jeglicher Opposition und zur Durchsetzung persönlicher Ziele.
Das „Gesetz über die Verdächtigen" vom 17. September 1793 war auf Druck der Pariser Volksbewegung verabschiedet worden, Sansculotten hatten am 5. September den Konvent besetzt. Das Gesetz gab den neu eingerichteten Überwachungsausschüssen umfassende Vollmachten und erlaubte die unverzügliche Verhaftung aller Verdächtigen. Als verdächtig wurden alle angesehen, die sich durch ihr Verhalten oder ihre Äußerungen als „Parteigänger der Tyrannen" und „Feinde der Freiheit" erwiesen hatten.
Nochmals verschärft wurde das Gesetz durch das „Prairial-Dekret" vom 10. Juni 1794. Als Volksfeinde galten nun alle Anhänger der Monarchie, die Gegner der Republik bzw. des Konvents und seiner Politik. Diese dehnbare Definition war beliebig interpretierbar. Da auch alle Bürger zur Denunziation verpflichtet waren, öffnete dieses Dekret der subjektiven Auslegung und der Willkür Tür und Tor. Die „Ventôse-Dekrete" (26. Februar/3. März 1794) erlaubten es darüber hinaus, den Besitz der Verdächtigen zugunsten bedürftiger „Patrioten" zu beschlagnahmen. Sie stellten den Gipfel der sozialen Zugeständnisse des Konvents an die Sansculotten dar, sind aber nie in Kraft getreten.

M 21b, S. 89
Guillotine, Modell, 20. Jahrhundert

Methodisch-didaktischer Hinweis: Die Schülerinnen und Schüler können eventuell mit der provozierenden Fragestellung: „Entsprach die Guillotine und ihr massenhafter Einsatz dem neuen Menschenbild der Revolution?" zu einer Deutung des Sachverhalts veranlasst werden.

M 21 c, S. 90
Die Todesurteile der Revolutionstribunale 1793/94

Insgesamt kamen durch den Terror 30 000 bis 40 000 Menschen ums Leben, 16 594 davon aufgrund von Todesurteilen der Revolutionstribunale und Sondergerichte; die übrigen fanden ohne Richterspruch den Tod. Zum Höhepunkt des Terrors zwischen Oktober 1793 und Mai 1794 war mit 10 800 Toten der Dritte Stand mit 84 % der Hingerichteten betroffen, 8,5 % der Opfer zählten zum Adel, 6,5 % zur Geistlichkeit.

Danton wurde im April 1794 hingerichtet; auch Robespierre verlor zusehends seine Anhängerschaft im Volk. Als das Revolutionstribunal, das zuletzt nur noch über Tod oder Freispruch zu entscheiden hatte, und der Wohlfahrtsausschuss von Zauderern gesäubert werden sollte, beschloss der Konvent am 9. Thermidor (27. Juli) 1794 die Verhaftung und Hinrichtung Robespierres.

Zu Aufgabe 20, S. 89

Die Schülerinnen und Schüler nennen u. a. folgende Gründe:

- Eine allgemeine Furcht vor Verrat drängte rechtsstaatliche Grundsätze seit Herbst 1792 merklich zurück, wie die Gewaltausbrüche im September 1792 zeigten, die zur Ermordung von über 1000 Inhaftierten in den Pariser Gefängnissen führten. Eine verstärkte Kontrolle der Bürger sowie Kanalisierung spontaner Aktionen durch ein Revolutionstribunal gingen damit einher.
- Neuartige monetäre Maßnahmen zur Behebung der wirtschaftlichen Not (Einführung der Assignaten) und radikale Gesetzgebung (Maxima) konnten nur gewaltsam durchgesetzt werden.
- Die Jakobiner entsprachen hierbei im Gegensatz zu den Girondisten den Forderungen von Teilen der Pariser Bevölkerung nach Gewaltmaßnahmen und einem Führungsanspruch der Stadt über das Land. Sie setzten diese Politik mithilfe von Sicherheits- und Wohlfahrtsausschuss und Beauftragten landesweit durch.

Zu Aufgabe 21, S. 89

Siehe Erläuterungen zu M 21.

Methodisch-didaktischer Hinweis: Die Schülerinnen und Schüler können dabei den Zusammenhang zwischen Verteidigung der Revolution, paranoider Furcht vor inneren und äußeren Feinden, Denunziantentum und persönlicher Rache differenziert bewerten.

Die Zahl der Hingerichteten entspricht prozentual etwa der Bevölkerungsstruktur. Damit gehören Angehörige des Dritten Standes absolut zur größten Opfergruppe. Auch die regionale Verteilung korrespondiert eng mit den Hauptgebieten des Bürgerkrieges.

Zu Aufgabe 22, S. 89

Siehe Erläuterungen zu M 22.

Bei der Diskussion der Schülerinnen und Schüler über die vorgegebene These sollten folgende Aspekte berücksichtigt werden:

- Konvent und Wohlfahrtsausschuss erklärten im September 1793 angesichts der angespannten Lage in Frankreich den Terror zum offiziellen Prinzip der Revolutionsregierung. Wer als „verdächtig" galt und kein Bürgerzeugnis erhielt, musste mit der Todesstrafe rechnen. Dieser „Despotismus der Freiheit" nahm keine Rücksicht auf die Freiheit des Einzelnen.
- Für Robespierre waren Tugend und Schrecken die beiden Säulen der Erziehung zu einem nationalen und republikanischen Bewusstsein, das durch die Umgestaltung auch der alltäglichen Lebensverhältnisse gestützt werden sollte (vgl. revolutionäre Zeitrechnung, Verehrung des höchsten Wesens, Umbenennung von Straßen und Plätzen, republikanische Namensgebung u. a.).

M 22, S. 90
Robespierre (1758–1794) vor dem Nationalkonvent über die Grundsätze der politischen Moral, 5. Februar 1794

Zu Person und Quelle: Maximilien de Robespierre (1758–1794), von Beruf Jurist, wurde im Februar 1789 in Arras als Abgeordneter des Dritten Standes in die Generalstände gewählt. Zu Beginn seiner politischen Laufbahn tat er sich schwer: In der Nationalversammlung war er zwar sehr aktiv, aber isoliert und wenig anerkannt. Früh nahm er eine klare und radikale Position ein: Er verteidigte die Interessen der breiten Schichten und polemisierte beispielsweise gegen das Zensuswahlrecht.

Kein Abgeordneter der Nationalversammlung durfte 1791 in die Gesetzgebende Versammlung gewählt werden. Robespierre festigte deshalb seine Position im außerparlamentarischen Raum: Er übte bald herrschenden Einfluss im Jakobinerklub aus, gewann Anerkennung, dann Bewunderung vor allem im Pariser Kleinbürgertum durch seine bescheidene Lebensführung (der „Unbestechliche") und durch die konsequente Klarheit und Schärfe seiner politischen Argumentation. Im Konvent, der am 20. September 1792 zusammentraf, wurde Robespierre erneut Abgeordneter. Er setzte sich dort nach der Ausschaltung der Girondisten durch und trat im Wohlfahrtsausschuss an die Spitze einer starken Zentralgewalt mit uneingeschränkten Vollmachten. Bis zu seinem Sturz war er der einflussreichste Politiker Frankreichs. Für die Unerbittlichkeit, mit der Robespierre argumentierte, geben seine Reden über die „Grundsätze der Revolutionsregierung" und die „Grundsätze der politischen Moral" anschauliche Beispiele wieder.

Zu Aufgabe 23, S. 90

Mit der Rede vom 5. Februar 1794 liefert Robespierre die ideologische Rechtfertigung der Schreckensherrschaft:

- Die Tugend als grundlegendes Prinzip der Demokratie definiert er unter Berücksichtigung antiker Vorbilder als „öffentliche Tugend" und als „Liebe zum Vaterland und seinen Gesetzen". Der Einzelne ordnet dabei seine individuellen, auch egoistischen Interessen dem Wohl der Gemeinschaft unter.
- Die Tugend muss mit Terror einhergehen. Die Gleichsetzung von Terror mit „Gerechtigkeit" verhilft der Tugend im bedrohten Frankreich zum Durchbruch.
- Die Erhaltung der Republik (der Zweck) heiligt also jedes Mittel (Terror). Für Robespierre sind der „Despotismus" des Jahres 1794 und die Tyrannei der Könige grundsätzlich verschieden, da sie völlig entgegengesetzten Zielen dienen.

Zu Aufgabe 24, S. 90

Gründe, die zur Terrorherrschaft führten:

- Furcht vor Konterrevolution,
- Bedrohung durch Krieg,
- Rolle des Königs wurde zusehends fragwürdiger, sein Handeln wird als Verrat empfunden,
- Unruhen in Paris wegen Versorgungsproblemen,
- Jakobiner entsprachen den wirtschaftlichen Forderungen der Sansculotten in Paris mit ökonomischen Zwangsmaßnahmen,
- jakobinischer Wohlfahrtsausschuss organisierte Terror.

Zu Aufgabe 25, S. 90

Methodisch-didaktischer Hinweis: Bei der Erörterung der These sollten die Schülerinnen und Schüler den Terror einerseits als Antwort auf die innere und äußere Bedrohung der Revolution erfassen und andererseits die über dieses Ziel hinausgeschossene und verselbstständigte Rolle der Gewalt einbeziehen. Eine abschließende Wertung ist dabei immer interessengeleitet.

Zu Aufgabe 26, S. 90

Siehe Erläuterungen zu M 18 und M 22.

M 23, S. 91 f.
Robespierre über die Grundsätze der Revolutionsregierung vor dem Nationalkonvent, 25. Dezember 1793

Siehe auch Erläuterungen zu M 22.

Zur Quelle: Für Robespierre ist die Revolutionsregierung der Despotismus der Freiheit gegen die Tyrannei, sie hat das Recht und die Pflicht zum Terror. In Zeiten revolutionärer Veränderungen bilden Terror und Tugend eine notwendige Einheit, weil nur der Terror als Ausdruck der strengen Gerechtigkeit die Prinzipien der Demokratie durchsetzen und die Revolution sichern kann. Diese Übergangsphase ist notwendig, um die Feinde der Revolution zu besiegen und danach die Verfassung als Herrschaft der siegreichen Freiheit zu etablieren.

M 24, S. 91
Paris zur Zeit der Revolution (Stadtplan)

Zu Aufgabe 27, S. 92

Methodisch-didaktischer Hinweis: Die Rede Robespierres über die Grundsätze der Revolutionsregierung vom 25. Dezember 1793 steht in der Tradition Rousseaus. Die Schülerinnen und Schüler sollten dabei Übereinstimmungen und Unterschiede sichtbar machen. Siehe oberen Tafelanschrieb auf der nächsten Seite.

Zu Aufgabe 28, S. 92

Methodisch-didaktischer Hinweis: Die Gegenüberstellung kann von den Schülerinnen und Schülern durch weitere Aussagen ergänzt werden. Siehe unteren Tafelanschrieb auf der nächsten Seite.

Zu Aufgabe 29, S. 92
Siehe Erläuterungen zu M 22 und M 23.

M 26, S. 93
Leitbild der adligen Erscheinung vor der Revolution, Kupferstich von C. L. Desrais, 1779

Zum Bild: Neben den in der Bildunterschrift erwähnten Kleidungsstücken und Frisuren sind die mit Schnallen versehenen Schuhe des Herrn und die Absatzschuhe der Dame sowie der Blumenstrauß und die Reitgerte aristokratische Accessoires auf diesem Bild. Die durch die höfische Etikette geprägte Körperhaltung der beiden Personen ist standestypisch: Die Verbeugung des Herrn und die etwas steife Pose der Dame, durch ihre stark eingeschnürte Taille bedingt, demonstrieren das aristokratische Leitbild.

M 27, S. 94
Handwerkerkleidung als Leitbild der Revolutionszeit, Gouache von P. É. Le Sueur, um 1790

Zum Bild: Neben den in der Bildunterschrift erwähnten Kleidungsstücken sind die am Boden liegenden Symbole des Ancien Régime – Perücke und Hut – Ausdruck der neuen Zeit. Mimik und Gestik des Mannes und der Frau strahlen Zuversicht und Selbstsicherheit aus. Sicherlich handelt es sich bei der dargestellten Handwerkerkleidung nicht um die tägliche Arbeitsbekleidung, sondern um besonderen Anlässen vorbehaltene Revolutionsmode.

Zu Aufgabe 31, S. 94
Siehe Erläuterungen zu M 26.

Zu Aufgabe 32, S. 94
Siehe Erläuterungen zu M 27.

M 28, S. 95
Was ist ein Sansculotte?

Der Historiker Axel Kuhn schreibt über die Sansculotten: „… Als politische Bewegung in der Revolution fanden die Sansculotten ihre Basis unter Bauern, Handwerkern, Tagelöhnern, Armen und Deklassierten in Stadt und Land. Sie hatten die Revolution von ihren ersten Tagen an begleitet; als Aufständische, Demonstranten, Barrikadenkämpfer und Soldaten. Zu Wort kamen sie jedoch erst während der Jakobinerherrschaft, und auch da meist nur durch intellektuelle Wortführer. Plattformen und Stützpunkte ihrer Wirksamkeit waren vor allem die Sektionsversammlungen von Paris. Allerdings brachten es diese im Unterschied zu den Jakobinerklubs zu keiner festen Organisation. Immerhin nahmen die von den Sansculotten geprägten Volksgesellschaften, anders als

TAFELANSCHRIEB

Übereinstimmungen Rousseau–Robespierre:
- ursprüngliche Güte des Menschen
- Gefahr des Verrats des Volkes durch seine Vertreter
- Notwendigkeit der Kontrolle der Volksvertreter
- „Tugend" als Grundprinzip einer demokratischen Regierung

Unterschiede
Rousseau: keine Legitimierung einer Diktatur, der Widerspruch zwischen Allgemeinsinn und Privatinteresse liegt in jedem Menschen (theoretische Betrachtung)
Robespierre: Zwang zur Diktatur aus der historischen Situation, der Widerspruch zwischen Allgemeinsinn und Privatinteresse ist der zwischen Aristokratie und unterdrücktem Volk (politisches Handeln)

TAFELANSCHRIEB

Aufgaben der konstitutionellen Regierung	Aufgaben der revolutionären Regierung
– Erhaltung der Republik	– Schaffung der Republik
– Sicherung der Freiheit der Bürger vor staatlicher Willkür	– Sicherung der Freiheit des Staates gegen alle Feinde
– Verfassung = Herrschaft der friedlichen Freiheit	– Revolution = Krieg gegen die Feinde der Freiheit
– an die Verfassung gebunden	– nicht an Regeln und Normen gebunden
– Kontinuität	– hohes Maß an Aktivität und Improvisation
– …	– …

die Jakobinerklubs, mit gewissen Einschränkungen auch Frauen auf." (Axel Kuhn, Die Französische Revolution, Stuttgart [Reclams Universal-Bibliothek Nr. 17017] 1999, S. 113) Die Bewegung der Sansculotten unterstützte die Jakobinerherrschaft und trieb sie voran. In zwei Grundfragen vertraten die Sansculotten grundsätzlich andere Positionen als die Jakobiner:

- Sie forderten die sofortige Einführung der Verfassung von 1793.
- Sie forderten die kostenlose Vergabe von Ackerland an alle Revolutionäre, die es bebauen wollten und bisher über kein bzw. unzureichenden Landbesitz verfügten.

M 28 a, S. 95
Auf die Frage „Was ist ein Sansculotte?" antwortet ein anonymes Dokument aus dem Mai 1793 mit einem sozialen Bezug

M 28 b, S. 95
Die Historikerin Patrice Higonnet gibt eine politische Beschreibung der Sansculotten ab

M 29, S. 95
Zwei Sansculotten, Zeichnung um 1791

Zum Bild: Die beiden Darstellungen zeigen eine Frau und einen Mann mit den üblichen revolutionären Insignien der Sansculotten, beide bewaffnet. Während die Frau nur einen Säbel trägt, ist der Mann mit Säbel und Gewehr ausgerüstet.

Zu Aufgabe 1, S. 95
Siehe Erläuterungen zu M 28.

Zu Aufgabe 2, S. 95
Siehe Erläuterungen zu M 28.

Notizen

Kapitel 6
„Ein Zeichen setzen" – Medien, Symbole, Feste: Die neuen Ausdrucksformen der Revolution

M 1, S. 98
Nach der Verkündigung der Pressefreiheit, kolorierter Kupferstich, 1797

Zum Bild: In der Erklärung der Menschen- und Bürgerrechte vom 26. August 1789 war das Recht auf freie Meinungsäußerung im Artikel 11 fixiert: „Die freie Mitteilung seiner Gedanken und Meinungen ist eines der kostbarsten Rechte des Menschen. Jeder Bürger darf sich also durch Wort, Schrift und Druck frei äußern; für den Missbrauch dieser Freiheit hat er sich in allen durch das Gesetz bestimmten Fällen zu verantworten."

Die Pressefreiheit ließ die Zahl der Zeitungen, Zeitschriften und Bildgrafiken rapide in die Höhe schnellen und führte zu einer enormen Ausweitung und Demokratisierung der Presselandschaft.

Im Bildvordergrund ist eine aufgeregte Menschenmenge, Presseerzeugnisse unterschiedlichster politischer Richtungen in ihren Händen schwingend, zu sehen. Die Figuren sind koloriert und weisen sich durch ihre Kleidung als Angehörige des Dritten Standes aus. Im Hintergrund sind Drucker und Schriftsetzer an Setzkästen und Druckerpressen bei ihrer Arbeit dargestellt. Damit stellt der Kupferstich eine Verbindung zwischen der Wirkung der nun massenhaft zur Verfügung stehenden Presseerzeugnisse und den technischen Voraussetzungen ihrer Produktion her.

M 2, S. 100
Das Föderationsfest am ersten Jahrestag des Bastillesturms, kolorierter Kupferstich von Charles Monnet, 1790

Zum Bild: Auf dem Marsfeld versammelten sich am 14. Juli 1790 die verbündeten Nationalgarden aus den Städten und Regionen. Diese nationale Bewegung – zelebriert von Lafayette und Talleyrand unter Anwesenheit des Königs – wurde zu einer konstitutionellen Manifestation von 300 000 Menschen.

Im Bildvordergrund ist die jubelnde Menschenmenge dargestellt, rechts daneben die mit einem Baldachin versehene königliche Loge. Der Bilddiagonale nach links folgend, ist im Zentrum ein altarähnlicher Aufbau für die Zeremonie zu erkennen. Dahinter finden sich ein triumphbogenartiges Bauwerk und die nur schemenhaft angedeutete Militärakademie. Der Raum zwischen Loge und Triumphbogen wird von unter ihren Bannern aufmarschierenden Nationalgarden gefüllt.

Die Nationalgarden repräsentierten im Sommer 1790 die bewaffnete Macht der konstitutionellen Teile des Dritten Standes.

M 3, S. 101
Spottbilder auf die Ständegesellschaft

Die beiden Bilder stellen die „Umkehrung" der gesellschaftlichen Verhältnisse durch die Revolution dar. Sie verkörpern allegorisch Wunschvorstellungen der Bevölkerungsmehrheit.

M 3a, S. 101
Man muss hoffen, dass dieses Spiel bald ein Ende hat. Anonyme kolorierte Radierung, 1789

Zum Bild: Symbolisch trägt der Dritte Stand Adel und Kleriker. Er stützt sich dabei auf eine Hacke, aus seiner Tasche hängen Papiere mit Aufschriften „Steuern, Zehnt, Fron- und Militärdienst". Rebhühner und Hasen vertilgen die Saat auf seinem Acker – eine Kritik am aristokratischen Jagdprivileg.

M 3b, S. 101
Ich wusste ja, dass wir auch noch an die Reihe kämen. J.-A. de Peters zugeschriebene kolorierte Radierung, 1789

Zum Bild: Nun reitet der Bauer – er steht symbolisch für den Dritten Stand – auf dem Rücken des Adligen und treibt auch den Kleriker vor sich her. Die Hacke hat er weggeworfen, die Rebhühner, die früher die Saat vernichtet haben, liegen gerupft am Boden. Über der Schulter des Bauern liegt ein Säbel mit einem erlegten Hasen. Die früher Privilegierten tragen die Waage der Gerechtigkeit mit Papieren, auf denen „Gleichheit, Freiheit und Entlastung des

Volkes" steht. Alle drei Figuren tragen die blau-weiß-rote Kokarde, die die patriotische Eintracht versinnbildlicht.

M 4, S. 102
„Die Sitzung der Nationalversammlung vom 19. Juni 1790 zur Abschaffung des Erbadels", anonyme Radierung, 1790

Zum Bild: Vier Bauern zerschlagen mit Dreschflegeln Symbole adliger und klerikaler Vorherrschaft: Degen, Mitra, Bischofsstab, Wappen, Orden u. a. Das Bildthema wurde von vielen Künstlern immer wieder aufgegriffen und war in unterschiedlichen Varianten weit verbreitet. Im Artikel 3 des Dekrets der Nationalversammlung vom 19. Juni heißt es: „Die Titel *monseigneur* und *messeigneurs* dürfen ebenso wenig wie die Titel *excellence, altesse, èminenc, grandeur* für irgendeine Körperschaft oder ein Individuum gebraucht werden, doch darf deshalb kein Bürger unter Berufung auf das vorliegende Dekret für sich das Recht in Anspruch nehmen, sich an Grabmälern in den Kirchen oder an Urkunden, Rechtstiteln und anderen für die Familien oder die Besitzverhältnisse wichtigen Schriftstücken und an Denkmälern auf öffentlichen Plätzen oder auf Privatgrund zu vergreifen; und die Durchführung der Bestimmungen über die Livreen und die an den Kutschen angebrachten Wappen kann von niemandem vor dem 14. Juli, soweit es die Bürger von Paris, bzw. vor Ablauf von drei Monaten, soweit es die Bewohner der Provinzen betrifft, vollzogen oder gefordert werden." (Aus: Die Französische Revolution. Ein Lesebuch mit zeitgenössischen Berichten und Dokumenten, Stuttgart [Reclams Universal-Bibliothek Nr. 8535] 1989, S. 130f.)

M 5, S. 102
Das Pflanzen eines Freiheitsbaumes als revolutionäres Fest, Gouache von P. É. Lesueur, um 1790

Zum Bild: Freiheitsbäume wurden seit Anfang 1790 Symbole der Französischen Revolution. Anknüpfend an alte bäuerliche Traditionen (Gerichtslinde und Maibaum) und an Rituale während des amerikanischen Unabhängigkeitskampfes war das Errichten des Freiheitsbaums anfänglich ein spontaner, symbolischer Akt der Bauern gegen die kirchliche Ordnung in ihrem Dorf. Zur Kanalisierung dieser spontanen Aktionen wurden ab Mai 1790 bei offiziellen Anlässen Freiheitsbäume errichtet und schließlich deren Errichtung und ihr Schutz landesweit vorgeschrieben.
Das Bild zeigt einen solchen offiziellen Festakt. Links vorn sind die Honoratioren mit Kokarde am Hut und blau-weiß-roter Schärpe positioniert. Deutlich von ihnen abgehoben die übrige Bevölkerung und die beiden mit einer Jakobinermütze versehenen Männer, die den Freiheitsbaum in die Erde senken. Sein Schmuck mit einer blau-weiß-roten Schleife fällt bescheiden aus. Die im Hintergrund aufmarschierte Nationalgarde, fast völlig von der Honoratiorengruppe verdeckt, ist an ihren Gewehren mit aufgepflanzten Bajonetten zu erkennen.

Zu Aufgabe 1, S. 102
Siehe Erläuterungen zu M 4.

Zu Aufgabe 2a und b, S. 102
Siehe Erläuterungen zu M 5.

Zu Aufgabe 3, S. 102
Siehe Erläuterungen zu M 3a und b.

Zu Aufgabe 4, S. 102
Siehe Erläuterungen zu M 6.

Zu Aufgabe 5, S. 102
Siehe Erläuterungen zu M 6.

M 6, S. 103
Statt „König – Dame – Bube" sticht jetzt „Genie – Liberté – Égalité". Revolutionäre Spielkarten der französischen Republik, Radierung, 1793/94

Zum Bild: Diese revolutionären Spielkarten sind ein Beispiel für die beabsichtigten und zum Teil erreichten tiefgreifenden Veränderungen in der Alltagskultur. Sie sollen durch die Verbindung der neuen Begriffe mit dem traditionellen Kartenspiel volkspädagogische Wirkung erzielen. Die Karten greifen antike und republikanische Motive auf und sind mit erläuternden Unterschriften versehen:
- 1. Reihe (Herz): Kampfgeist/Religionsfreiheit/Chancengleichheit
- 2. Reihe (Kreuz): Friedensliebe/Freiheit der Ehegattenwahl und Scheidung/Rechtsgleichheit

- 3. Reihe (Piqué): Kunstsinn/Pressefreiheit/Standesgleichheit
- 4. Reihe (Karo): Geschäftssinn/Freiheit der Berufswahl/Gleichheit der Rassen

M 7, S. 104
Das Pathos der demokratischen Republik. Ein Hymnus an Rousseau, anonymes Gemälde, um 1793

Zum Bild: Siehe Text zu M 7. 1794 ließ der Wohlfahrtsausschuss die sterblichen Überreste Rousseaus in das Pantheon in Paris überführen. Dieser imposante Kuppelbau einer ursprünglich geplanten Kirche wurde von den Führern der Revolution zur nationalen Ruhmeshalle umgewidmet, und neben Rousseau fanden weitere berühmte Franzosen hier ihre letzte Ruhestätte. Bereits 1791 war Mirabeau im Pantheon beigesetzt und Voltaire dorthin überführt worden.

M 8, S. 104
Das Pathos der französischen Republik in Krieg und Bürgerkrieg, J.-B. Regnaults Gemälde „Freiheit oder Tod", 1793

Zum Bild: Auch dieses Gemälde greift antike und christliche Motive auf und hebt sie in einen „Schwebezustand". Ein schwebender Engel, der an Herkules erinnert, hat seine Arme ausgebreitet und weist auf zwei Figuren: links, im Hellen auf einer Wolke schwebend, die Freiheit mit einer Jakobinermütze in der einen und Winkel und Lot in der anderen Hand. In der revolutionären Ikonografie stehen diese für Gleichheit und Gerechtigkeit. Die Figur thront auf antiken Mauerresten und zu ihren Füßen liegt eine mit einem Trikoloreband umwundene Säule. Rechts, auf dunkler Wolke schwebend, Gevatter Tod mit Sense und Lorbeerkranz in knochiger Hand.

Zu Aufgabe 6, S. 104

Siehe Erläuterungen zu M 7.
Methodisch-didaktischer Hinweis: Die Schülerinnen und Schüler sollten die inhaltlichen Bezüge zwischen der Verfassung von 1793 und Rousseaus Staats- und Gesellschaftsvorstellungen darlegen, die Unterschiede herausarbeiten und die symbolische Verklärung und quasi-religiöse Überhöhung erkennen.

Zu Aufgabe 7, S. 104

Siehe Erläuterungen zu M 8.
Methodisch-didaktischer Hinweis: Die Schülerinnen und Schüler sollten dabei die an christliche Vorstellungen anknüpfende und diese umformende Arbeit des Künstlers erfassen.

M 9, S. 105
Flugblatt mit Revolutionspropaganda für die „unterdrückten Deutschen", Straßburg, 1791

Zur Quelle: Dieses Flugblatt entstand nach der Flucht Ludwigs XVI., seiner Rückführung nach Paris und dem „Massaker auf dem Marsfeld" vom 17. Juli 1791. Das revolutionäre Frankreich war als europäische Großmacht paralysiert, zunächst zur Freude und zum Vorteil der europäischen Monarchien. Bereits am 22. Mai 1790 hatte die Nationalversammlung feierlich den Verzicht auf Eroberungskriege und Einmischung in die Freiheit anderer Völker verkündet. Dennoch kam es auch in diesen Jahren zu Konflikten zwischen Frankreich und seinen Nachbarn. Neben den konterrevolutionären Aktivitäten der Emigranten in den Territorien entlang des Rheins waren es vor allem die Streitigkeiten mit westdeutschen Reichsfürsten über deren Besitzungen im Elsass. Nach dem Dreißigjährigen Krieg war das Elsass Stück für Stück von Frankreich annektiert worden. Das revolutionäre Frankreich setzte sich unter Berufung auf die Volkssouveränität über die feudalen Rechte der Fürsten hinweg und begann, dort das Feudalsystem zu liquidieren.
Im Flugblatt werden die Deutschen nun aufgefordert, dem französischen Beispiel zu folgen. In diesem Kampf wird ihnen Unterstützung versprochen. Sollten aber die Unterstützung der Emigranten und gegenrevolutionäre Taten von Deutschen erfolgen, drohte man Gewalt an.

M 10, S. 105
„Patriotischer Rundgesang", um 1792

Zur Quelle: Im Original dieser Radierung sind die drei Strophen des „Patriotischen Rundgesangs" dem Bild zugeordnet. Geselligkeit wird mit politischem Engagement verknüpft. Die abgebildeten Sansculotten – in Arbeitskleidung, eine Frau trägt noch eine Kiepe – tanzen um den Freiheitsbaum. Dieser ist mit Jakobinermütze und mit blau-weiß-roten Schleifen geschmückt. Links im Vordergrund hervortretend ist ein mit einer Pike und einem Säbel bewaffneter, eine Jakobinermütze tragender Sansculotte zu erkennen. Er weist in diesem Tanzbild auf den notwendigen Kampf hin. Dieser Kampf gilt der jungen Republik, die im Hintergrund rechts als verteidigungsbereite Festung dargestellt wird. Links hinten sind die konterrevolutionären Truppen platziert, erkennbar an der gelben Fahne mit dem preußischen Adler.

Zu Aufgabe 8, S. 105
Siehe Erläuterungen zu M 9.

Zu Aufgabe 9, S. 105
Siehe Erläuterungen zu M 10.

M 11, S. 106
Der französische Revolutionskalender

Durch die Einführung des Revolutionskalenders durch die Nationalversammlung am 5. Oktober 1793 rückwirkend für den 22. September 1792 – dem ersten Tag der Republik – sollte der kirchlich geprägte Wochen- und Jahresrhythmus zerstört werden: Dieser Beschluss galt unter Zeitgenossen als der wichtigste Schritt im Rahmen der Dechristianisierung. An die Stelle religiöser Feiertage traten republikanische Feste. Die Sonntagsruhe wurde verboten und dafür nach Einteilung des Monats in drei Dekaden der zehnte Tag (decadi) zum Ruhetag erklärt. Dieser Revolutionskalender konnte sich jedoch gegen den zähen Widerstand der in ihrer gewohnten Zeiteinteilung und dem damit verbundenen Brauchtum verankerten Bevölkerung auf Dauer nicht behaupten.

M 12, S. 106
Die Sprache ändert sich

Die Veränderung der Sprache geht einher mit den Veränderungen im Alltagsleben (siehe Erläuterungen zu M 6), mit Um- und Überformung traditioneller Lieder und Tänze (siehe Erläuterungen zu M 10), mit der Ausbreitung der revolutionären Presse sowie den öffentlichen Reden in der Nationalversammlung, in den anderen Vertretungen und Klubs.

M 13, S. 106
Widerstand gegen den Revolutionskalender

M 14, S. 107
Kokarde, 1789

Im Juli 1789 trugen zunächst die Bürgermilizen in Paris Kokarden als Erkennungszeichen in den traditionellen Farben der Stadt: Blau und Rot. Das Zeichen verbreitete sich nach dem 14. Juli 1789 rasch in der ganzen Stadt. Als sich Ludwig XVI. am 17. Juli angesichts der revolutionären Ereignisse zu einem öffentlichen Auftritt in der Hauptstadt gezwungen sah, steckte man ihm eine Kokarde an, die nun um die Farbe der Monarchie – Weiß – erweitert worden war. Der hohe Symbolwert der Kokarde und der Farben der Revolution wird im weiteren Verlauf der Revolution sichtbar.

M 15, S. 107
Allegorien der Freiheit

M 15 a, S. 107
„Die Freiheit besiegt und zerstört die Missstände"

Zum Bild: Die Radierung stellt eine weibliche Allegorie in den Mittelpunkt, nämlich die Freiheit. Strahlend geht die Sonne (der Aufklärung) auf. Die Figur hält auf einer Stange eine Mütze als Freiheitssymbol. Dieses Symbol, das schon in der Antike verbreitet war – in Rom überreichte man den in die Freiheit entlassenen Sklaven eine solche Mütze –, wurde seinerseits auch von zahlreichen Revolutionen anderer Länder in Anlehnung an die Ereignisse in Frankreich übernommen: so beispielsweise infolge der Mai-Revolution von Buenos Aires (1810).

M 15 b, S. 107
„Triumph der einen, unteilbaren und demokratischen Freiheit"

Zum Bild: Im Zentrum der Radierung steht die Allegorie der Gerechtigkeit. Sie stützt sich auf den Vertreter des jakobinischen Systems, der sich durch die folgenden Charakteristika auszeichnet: relativ jugendliches Alter, ernst-entschlossene Miene, revolutionäre Kleidung (die lange Hose der Sansculotten, locker geschlungenes Halstuch, offener Kragen), Schwert. Liegend vor der Gerechtigkeit und dem jungen Jakobiner befinden sich die Besiegten: der Adlige (Orden, zerbrochener Degen) und der reiche Bürger (fortgeschrittenes Alter, Perücke, elegante Kleidung, Geld, in der Hand ein Dokument). Ferner in Hockstellung eine halb verhüllte, dunkel-unheimliche Gestalt, die auf die Macht der Kirche verweist. Eingerahmt ist diese Gruppe von einem Denkmal (offenbar einer zerstörten antirevolutionären Statue) mit einer Inschrift („Triomphe / De la Republique / Française uné / indivisible et / democratique / Dedié / a la Patrie"), die die politischen Zielvorstellungen der Jakobiner zum Ausdruck bringt. Ferner wird der Rahmen von klassizistischer Architektur geprägt, wie sie für die Entwürfe jener Zeit typisch ist.

Zu Aufgabe 11, S. 107
Siehe Erläuterungen zu M 11.
Methodisch-didaktischer Hinweis: Die Schülerinnen und Schüler sollten dabei zwischen antiklerikalen und religionskritischen Positionen der Aufklärung und politischer Praxis in der Zeit der Jakobinerherrschaft 1793/94 vergleichen.

Zu Aufgabe 12, S. 107
Siehe Erläuterungen zu M 14.

Zu Aufgabe 13, S. 107
Siehe Erläuterungen zu M 15 a und M 15 b. Siehe Tafelanschrieb rechts unten.

M 16, S. 108
Die Bedeutung des Ballhausschwures in einem anonymen kolorierten Kupferstich

Zum Bild: Dieser in der frühen Phase der Revolution entstandene Kupferstich hebt auf die Einheit der Nation ab. Das gemeinsame Tun der drei Stände steht für die Verfassungsrevolution und postuliert ein Wunschbild über das Verhältnis der Stände zueinander. Die Metapher des Eisenschmiedens weist auf Gleichberechtigung und auch auf körperliches Arbeiten hin.

M 17, S. 109
Das Erwachen des Dritten Standes in einem anonymen kolorierten Kupferstich

Zum Bild: Dieses Motiv des Erwachens des Dritten Standes findet sich in verschiedenen Kunstwerken wieder. Der am Boden liegende Dritte Stand erwacht und ergreift die am Boden liegenden Waffen. Er hat die ihn fesselnden Ketten vor der Brust zerbrochen und wird sich gleich erheben. Adel und Klerus blicken erschrocken auf die sich aufrichtende Figur. Im Hintergrund ist die umkämpfte Bastille zu erkennen. Links daneben sieht man aufmarschierende Bewaffnete, wahrscheinlich die Nationalgarde. An Stangen halten sie zwei abgeschlagene Köpfe in die Höhe.

Zu Aufgabe 14, S. 109
Siehe auch Erläuterungen zu M 16 und M 17.

Zu Aufgabe 15, S. 109
Siehe auch Erläuterungen zu M 16 und M 17.

Zu Aufgabe 16, S. 109
Siehe auch Erläuterungen zu M 17.

Zu Aufgabe 17, S. 109
Siehe auch Erläuterungen zu M 17.

Zu Aufgabe 18, S. 109
Siehe auch Erläuterungen zu M 16 und M 17.

TAFELANSCHRIEB

Vergleich der beiden allegorischen Darstellungen:

M 15 a	M 15 b
Allegorie der Freiheit	Allegorie der Gerechtigkeit mit einem Jakobiner
mit Denkmal rechts versehen	mit Denkmal rechts versehen
zerstörte Herrschaftssymbole liegen am Boden	besiegte bzw. getötete Gegner kauern/liegen am Boden
gemäßigt – Gewalt gegen Sachen	radikal – Gewalt gegen Personen

Kapitel 7
1789 – „Geburtsstunde" des modernen Feminismus? Geschlechterfragen in der Revolution

M 1, S. 113f.
Politik nur für Männer?

Zur Quelle: Madame Roland beschäftigte sich in ihrer Jugend mit Musik, Literatur, Mathematik und Malerei. Durch das Studium der Antike wurden ihr republikanische Ideen vertraut. 1781 heiratete sie den späteren Innenminister Roland, auf den sie großen Einfluss ausübte. Seit 1791 trafen sich in ihrem Salon Girondistenführer, denen sie mit Rat und Tat zur Seite stand. Als ihr Mann von ihrer Hinrichtung erfuhr, beging er Selbstmord.

M 2, S. 113
Patriotischer Frauenklub, Gouache von P. É. Lesueur, 1791

Zum Bild: Nach dem Vorbild der politischen Männerklubs, von denen nur wenige die Anwesenheit von Frauen zuließen, entstanden seit 1789 ebenso Frauenvereinigungen. Selten nur entwickelten sie eigenständige frauenpolitische Forderungen, viele konzentrierten sich vielmehr auf karitative Tätigkeiten im Dienste der offiziellen Politik. Das zeigt auch das abgedruckte Bild: Bürgerinnen sammeln Spenden und informieren sich über aktuelle Vorgänge. Wichtig ist im Hinblick auf die Frauenklubs, dass die Frauen hier als Rednerinnen auftraten, Tagesordnungen entwickelten und diskutierten. Damit unternahmen sie erste Schritte, sich zu „citoyennes" zu bilden.

M 3, S. 114f.
Olympe de Gouges fordert die Gleichberechtigung der Geschlechter, 1791

Zur Person: Marie Olympe de Gouges wurde als uneheliche Tochter eines französischen Adligen in Montauban geboren. Später lebte sie als „Femme galante" in der vornehmen Pariser Gesellschaft und widmete sich schriftstellerischen Aufgaben. 1791 erschien der abgedruckte Text in der Öffentlichkeit. An Madame Gouges statuierte die Revolutionsführung ein Exempel, wie es auch eine Meldung der Pariser Zeitung „Moniteur" berichtete: „Marie Olympe de Gouges, geboren mit einer überspannten Fantasie, hielt ihren Wahnsinn für eine Eingebung der Natur. Ein Staatsmann wollte sie sein; das Gesetz wird diese Verschwörerin wohl dafür bestraft haben, dass sie vergessen hatte, was sich für ihr Geschlecht geziemt." Am 3. November 1792 wurde sie hingerichtet.

Zur Quelle: Die „Erklärung der Frauen- und Bürgerinnenrechte" war die von Marie Olympe de Gouges geschriebene feministische Version der „Erklärung der Menschen- und Bürgerrechte" vom 26. August 1789. Der vorangestellte Text war als Brief an Marie Antoinette gerichtet. In ihm forderte sie die Königin auf, den Kampf für die Rechte der Frauen zu unterstützen. Neben ihrem Einsatz für die Gleichberechtigung der Geschlechter setzte sie sich für die Abschaffung der Sklaverei ein und kritisierte die Hinrichtung des Königs. Sie stand den Girondisten nahe.

M 4, S. 116
Bestimmt die Natur die Aufgaben und Rechte der Geschlechter?

Zur Quelle: Ende Oktober 1793 verbat man den Frauen nicht nur offiziell politische Aktivitäten, sie erklärte man zudem zu politisch unmündigen Wesen. Die vorbildliche Republikanerin sollte im Sinne Rousseaus ihre ganze Energie ihrer Familie widmen. Um das zu leisten, war es ihr nur gestattet, als Zuhörerin und Lernende bei öffentlichen Veranstaltungen anwesend zu sein.

Der Sicherheitsausschuss setzte eine geschlechtsspezifische Aufgabenteilung von Mann und Frau voraus und deutete politische Forderungen an:

- Die Frau ist „von Natur aus" zu „häuslichen Aufgaben" bestimmt, der zwischen Mann und Frau bestehende Unterschied ist Bestandteil der gesellschaftlichen Ordnung.
- Mit jedem Geschlecht ist eine eigene, klar definierte Ordnung verbunden, aus der sich die folgende Aufgabenteilung ergibt: Während der Mann für die „Künste" und die „schweren Arbeiten" prädestiniert sowie zu „tiefgehenden und ernsthaften Meditationen" geeignet ist, ist die Frau für die Kindererziehung und den Haushalt geschaffen, „im Allgemeinen" steht sie „hohen Vorstellungen und ernsthaftem Nachdenken" fern.

Aufrührerische Frauen (M 6, M 7)	
Handlungssituationen	Soziale Merkmale
– Brotunruhen: Frauen, die eine Familie versorgen mussten – Politische Unruhen: breites Spektrum von Teilnehmerinnen – Ursprung: Nachbarschaft, Gespräche in den Treppenhäusern	– Auf dem Kontinent: einfache Kleidung; derbe Sprache; vorgerücktes Alter (durchschnittlich 37–40 Jahre); Lohnarbeiterinnen, Strickerinnen, Kleinhändlerinnen, Blumenverkäuferinnen, Hausmeisterinnen, Zeitungsverkäuferinnen: oft ökonomisch auf sich allein gestellte Frauen – In England: das Armenrecht verhindert die Inhaftierung von Müttern: daher oft jüngere Frauen (zwischen 20 und 40 Jahren), die für die Gemeinde sprechen

Zu Aufgabe 1, S. 116
Siehe Arbeitsblatt auf der nächsten Seite.

Zu Aufgabe 2, S. 116
Siehe Erläuterungen zu M 1 bis M 5.

Zu Aufgabe 3, S. 116
Methodisch-didaktischer Hinweis: Die „Erklärung der Frauen- und Bürgerinnenrechte" war die von Marie Olympe de Gouges geschriebene feministische Version der „Erklärung der Menschen- und Bürgerrechte" vom 26. August 1789. Die Schülerinnen und Schüler arbeiten die weit in die Zukunft greifende Position von Marie Olympe de Gouges heraus und grenzen Menschenrechtsvorstellungen der Aufklärung und der Französischen Revolution von heutigen Auffassungen ab.

Zu Aufgabe 4, S. 116
Siehe Lösungsblatt ZM 7.2 auf Seite 61.

Zu Aufgabe 5, S. 116
Schülerrecherche in Lexika und Wörterbüchern.

Zu Aufgabe 6, S. 116
Methodisch-didaktischer Hinweis: Die Schülerinnen und Schüler beziehen in ihre Diskussion politische und soziale Aspekte ein und differenzieren nach regionalen Unterschieden in der heutigen Welt.

Zu Aufgabe 7, S. 116
Methodisch-didaktischer Hinweis: Die Schülerinnen und Schüler recherchieren im Internet zur Geschichte des Frauenwahlrechts.

M 5, S. 116
Kupferstich von Augustin Claude Le Grand „Jean Jacques Rousseau oder der natürliche Mensch", um 1785

Zum Bild: In einer ländlichen Idylle sitzt eine Mutter und stillt ihr Kind, während ein älterer Junge auf Rousseau weist, der zu der Mutter getreten ist und ihr einen Blumenstrauß überreicht. Der Philosoph erkennt das vorbildliche Verhalten der jungen Frau an. Dass sie im Sinne der „natürlichen" Ordnung richtig handelt, zeigt auch ein ihr gegenüberstehendes Schaf, das sein Lamm säugt. Die Legende des Stiches verweist darauf, dass die Frauen vielfach das „natürliche" Verhalten vergessen haben, Rousseau es ihnen aber wie kein anderer wieder vor Augen führt: „Jean Jacques Rousseau oder der natürliche Mensch / Er gibt den Müttern ihre Pflicht zurück und den Kindern das Glück / Das Leben der Wahrheit widmen".
Mit seinem Kupferstich verleiht Le Grand der Rousseau-Verehrung Ausdruck: Er stellt den Philosophen mit einem Hirtenstab dar und weist ihm damit eine Schutz- und Führungsrolle zu. Die Aufgaben der Frau werden in Anlehnung an Rousseau definiert, der die weibliche „Natur" als soziales Heilmittel für die gesellschaftlichen Defizite betrachtete und die mütterliche Pflege des Kindes als Voraussetzung für dessen Entwicklung zum „natürlichen Menschen" pries.

M 6, S. 117
Die englische Historikerin Olwen Hufton (geb. 1938) zu „aufrührerischen" Frauen im 17. und 18. Jahrhundert (1992)

Die Handlungssituationen und sozialen Merkmale der „aufrührerischen" Frauen lassen sich – gemäß der Beschreibung von Olwen Hufton – anschaulich in einem Tafelanschrieb (siehe oben) darstellen.

Zusatzmaterial ZM 7.1

Lösungsblatt: Forderungen der Frauen in M1–M3

	Forderungen	Begründungen
Marie-Jeanne Roland de la Platière (M 1)	– politische Informiertheit (ohne aktive Teilnahme an den Männergesprächen im Salon) – Handlungs- und Entscheidungsorientierung – …	– traditionelle Frauenrolle wird akzeptiert – Kritik am „oberflächlichen männlichen Geschwätz" – …
Patriotischer Frauenklub (M 2)	– eigenständig – selbstbewusst – öffentlich – …	– gleiche Ziele – aktive Teilnahme an der Revolution – …
Marie Olympe de Gouges (M 3)	– rechtliche, politische und soziale Gleichstellung der Frau – …	– Frauen besitzen die gleichen „intellektuellen Fähigkeiten" – Unterdrückung der Frauen widerspricht der natürlichen Ordnung – …

Zusatzmaterial ZM 7.2	**Lösungsblatt: Forderungen der Frauen in M4 und M5**	
	Argumente gegen politische Tätigkeiten der Frauen	**Frauen- und Männerbilder**
Pariser Sicherheitsausschuss über ein prinzipielles Verbot der Frauenklubs (M 4)	– Hausarbeit der Frauen ist naturbestimmt – naturgegebener Unterschied zwischen Mann und Frau ist unüberwindbar – daraus ergibt sich eine feststehende Aufgabenteilung: der Mann ist für „Künste", „schwere Arbeiten", „Krieg", „tiefgehende und ernsthafte Meditationen" geeignet; die Frau ist für Kindererziehung und Haushalt geschaffen, „im Allgemeinen sind Frauen kaum zu hohen Vorstellungen und ernsthaftem Nachdenken fähig."	– auch Jakobiner und Sansculotten sind gegen eine konsequente politische Gleichstellung der Frauen – vertreten das arbeitsteilige Familienideal der bürgerlichen Gesellschaft – Frauen sind „Ausführende" männlicher Entscheidungen – naturgegebene Unterschiede zwischen Mann und Frau sind nicht weiter zu hinterfragen
Kupferstich von Augustin Claude Le Grand „Jean Jacques Rousseau oder der natürliche Mensch" (M 5)	– die Mutterrolle ist der Frau von Natur aus vorgeschrieben – im Tierreich wird diese Rolle demonstriert – Frauen und Mütter sind die idealen Erzieherinnen	– die Aufgaben der Frau werden in Anlehnung an Rousseau definiert, der die weiblich „Natur" als soziales Heilmittel für die gesellschaftlichen Defizite betrachtete und die mütterliche Pflege des Kindes als Voraussetzung für dessen positive Entwicklung

M 7, S. 118
Frauen mischen sich ein

Im Text der Historikerin Dominique Godineau werden die Beteiligungsformen der Frauen an politischen Vorgängen während der Französischen Revolution untersucht. Sie geht dabei von der nationalen Dimension dieser Aktionen in Frankreich aus und postuliert einen eingeschränkten Rechtsstatus der Französinnen zu dieser Zeit. Als Zuschauerinnen bevölkerten sie die Tribünen der unterschiedlichen politischen Versammlungen. Mit ihren Bei- und Missfallsäußerungen bekundeten die Frauen ihr politisches Engagement und schufen so – ohne dazu gesetzlich berufen zu sein – spezifische Kontroll- und Einflussmöglichkeiten.

Zu Aufgabe 8, S. 118
Siehe Erläuterungen zu M 6 und M 7.

Zu Aufgabe 9, S. 118
Siehe Erläuterungen zu M 6 und M 7.

Zu Aufgabe 10 und 11, S. 118
Siehe Erläuterungen zu M 5.

Zu Aufgabe 12, S. 118
Methodisch-didaktischer Hinweis: Die Schülerinnen und Schüler können den Kampf um Gleichstellung in Deutschland beispielsweise anhand des Vergleichs von Verfassungstext und Wirklichkeit

- von der Paulskirchenverfassung 1848,
- über die Reichsverfassung von 1871,
- die Weimarer Verfassung von 1919 und das Grundgesetz von 1949 vollziehen.

Zu Aufgabe 13, S. 118
Die so genannten „Mütter des Grundgesetzes" waren Elisabeth Selbert und Friederike Nadig von der SPD, Helene Weber von der CDU sowie Helene Wessel vom Zentrum. Sie setzten gegen erhebliche Widerstände ihrer 61 männlichen Kollegen im Parlamentarischen Rat die Gleichberechtigungsformulierung in Art. 3 Absatz (2) des Grundgesetzes durch.

Notizen

Kapitel 8
Phase 4 der Revolution (1794–1799) und die Herrschaft Napoleons (1799–1815)

M 1, S. 123
Die Revolution ist beendet

Zur Quelle: Mit dem Staatsstreich vom 18. Brumaire (9. November 1799) wurde der Übergang vom Direktorium zum Konsulat vollzogen. Am 10. November wurde Napoleon Bonaparte auf Initiative und unter tatkräftiger Mitwirkung des Direktoriumsmitglieds Sieyès vom Konvent unter Druck des Militärs zum Ersten Konsul ernannt. Der junge General hatte sich in den innenpolitischen Auseinandersetzungen erfolgreich durchgesetzt und errichtete unter dem Etikett des Konsulats eine Militärdiktatur, die er 1804 mit seiner Kaiserkrönung in das Empire umwandelte.

Durch den Staatsstreich Napoleons wurden die politischen Fraktionskämpfe des Bürgertums in Frankreich zu einem gewissen Abschluss gebracht. In der ständigen Bedrohung durch royalistische Putsche und in Sorge vor neuen Volksaufständen strebte das Besitzbürgertum nach einer Konsolidierung der in der ersten, gemäßigten Revolutionsphase errungenen Ergebnisse. Dieser Position gab die Proklamation der drei Konsuln mit der Formulierung von den „geheiligten Rechte[n] des Eigentums, der Gleichheit und der Freiheit" Ausdruck.

M 2, S. 123 f.
Die Konsulatsverfassung vom 13. Dezember 1799

Zur Quelle: Nach dem Staatsstreich vom 18. Brumaire wurde im Eiltempo von der provisorischen Regierung und Ausschüssen der Legislative eine neue Verfassung ausgearbeitet, am 13. Dezember verkündet und am 25. Dezember 1799 in Kraft gesetzt. Der Historiker Wolfgang Schmale schreibt, dass die Konsulatsverfassung „ganz wesentlich die Exekutive [stärkte]; sie erhielt das Initiativrecht bezüglich Gesetzgebung und Haushalt. Von der Volkssouveränität kann kaum mehr gesprochen werden: In einem mehrstufigen, hierarchisierten Wahlverfahren wurden nationale Notabeln-Listen erstellt, aus denen dann die Mitglieder der verschiedenen Institutionen, die außer den Konsuln am Gesetzgebungsverfahren beteiligt waren (Tribunat, Corps législatif, Senat), durch Nominierung (der Senat nominierte die Mitglieder des Corps législatif) bestimmt wurden. Die Senatoren waren Senatoren auf Lebenszeit, von zunächst 60 (später 80) wurden 31 durch die scheidenden Konsuln Sieyès und Ducos bestimmt, diese 31 wählten weitere 29 hinzu (Kooptation)." (Wolfgang Schmale in: Rolf Reichardt (Hg.), Die Französische Revolution, Freiburg/Würzburg [Ploetz] 1988, S. 167.)

Napoleon regierte autoritär mit parlamentarischer Fassade. Er ließ dem Besitzbürgertum freie Hand und verschaffte sich für einige Jahre durch seine erfolgreiche Kriegs- und Außenpolitik die Zustimmung der Mehrheit der Franzosen. In Plebisziten ließ Napoleon die Bevölkerung 1800 die Konsulatsverfassung (3 Millionen Ja-Stimmen, ca. 1500 Nein-Stimmen, 4 Millionen nahmen an der Volksabstimmung nicht teil), 1802 seine „Beförderung" zum Konsul auf Lebenszeit (3,5 Millionen Ja-Stimmen, ca. 8000 Nein-Stimmen, 3,5 Millionen nahmen an der Volksabstimmung nicht teil) und 1804 seine Kaiserkrönung (3,5 Millionen Ja-Stimmen, ca. 2500 Nein-Stimmen, 3,5 Millionen nahmen nicht teil) absegnen.

M 3, S. 124
Napoleons zentralistisches Verwaltungsmodell

Das zentralistische Verwaltungsmodell war ganz von Napoleon geprägt und auf ihn abgestellt. An der Spitze des Staates stand der Erste Konsul Napoleon – zunächst auf zehn Jahre gewählt, seit 1802 zum Konsul auf Lebenszeit ernannt. Seine – anfänglich – beiden Mitkonsuln Cambacérès und Lebrun hatten keine wirklich politische, sondern nur beratende Funktion. Dagegen hatte der Erste Konsul weitreichende Vollmachten:

- Recht der Gesetzesinitiative,
- Ernennung und Kontrolle sämtlicher staatlicher Funktionsträger einschließlich der beamteten Richter,
- militärischer Oberbefehl,
- Kriegserklärung.

Diese Machtfülle der Exekutive bedeutet faktisch die Aufhebung der Gewaltenteilung. Wie schon in den Revolutionsphasen unter den Girondisten und später unter dem Direktorium bestimmte auch unter Napoleon ein dynamisches Wechselverhältnis zwischen Kriegs- und Innenpolitik viele seiner Entscheidungen.

Zu Aufgabe 1, S. 125
Methodisch-didaktischer Hinweis: Die Schülerinnen und Schüler nennen den Artikel 2 und können die formal komplizierten und die Bürgerrechte einschränkenden Artikel über Wahlen und Gesetzgebung einordnen.

Zu Aufgabe 2, S. 125
Siehe Erläuterungen zu M 2 und M 3.

Zu Aufgabe 3, S. 125
Siehe Arbeitsblatt ZM 8.1 auf der nächsten Seite.

M 4, S. 125
Der Historiker François Furet über die Gründe des Erfolgs Napoleons bei den Franzosen

Der Historiker François Furet betrachtet und bewertet Napoleon aus einem biografisch-persönlichen Blickwinkel. Dabei stellt er einerseits Napoleons Stil und Regierungspraxis denen der verflossenen Bourbonen entgegen und hebt andererseits die Erwartung der Franzosen nach einem starken, einenden, Eigentum und Ordnung sichernden „Herrscher" hervor. Es werden die „Mischung" der republikanischen Tugenden und die Qualitäten eines „Bürgerkönigs" mit den despotischen und unkontrollierbaren Zügen Napoleons angedeutet.

M 5, S. 125
Napoleon über Republik und Freiheit, 1797

M 5a, S. 125
Tagesbefehl Napoleons an seine Soldaten, Italien, 14. Juli 1797

Zur Quelle: Napoleon hatte im März 1796 den Oberbefehl über die französischen Verbände in Norditalien erhalten und sich mit seiner erfolgreichen Kriegsführung einen Namen gemacht. Im März 1797 marschierten seine Truppen in Richtung Wien und am 18. April musste Österreich den Vorfrieden von Loeben unterzeichnen.

Tagesbefehle waren (und sind) symbolgeladene Elemente im militärischen Leben. Termin und Sprache dieses Tagesbefehls knüpften an revolutionäre und freiheitliche Traditionen an und verbanden sie mit nationalen und soldatischen Aspekten. In der französischen Armee dieser Zeit lebte der revolutionäre Geist stärker fort als im zivilen Bereich:
- Die Soldaten waren zu großen Teilen schon während des Volksaufgebots von 1793/94 einberufen worden.
- Zahlreiche Jakobiner konnten im Heer untertauchen.
- Die Soldaten verbanden ihre unzureichende Versorgungslage mit Vorbehalten gegen die Politik des Direktoriums in Paris.
- In den Feldlagern in den besetzten Gebieten gruppierten sich die Soldaten zunehmend um aktive und charismatische Generäle. Ihr republikanischer Patriotismus wich zunehmend nationalistischen Haltungen und der Sucht nach militärischen Erfolgen und Kriegsruhm.

M 5b, S. 125
Vertrauliche Äußerung des Generals Bonaparte gegenüber dem französischen Gesandten in der Toskana, Miot de Melito

Zur Quelle: Mit Miot de Melito war die Familie Bonaparte seit dessen Korsika-Einsatz eng verbunden. Auch Napoleon pflegte zu de Melito ein persönliches Verhältnis. Dieses Gespräch fand wahrscheinlich nach seiner Ernennung zum Ersten Konsul statt. Napoleon formulierte seine politischen Zielsetzungen als eine Abkehr von der Republik und den revolutionären Entwicklungen nach 1792, aber ohne eine Rückkehr zum Ancien Régime. Dabei setzte er auf einen Mix von Zugeständnissen, Demagogie, Verschleierung und autoritären Herrschaftsinstrumenten.

Zu Aufgabe 4, S. 125
Siehe Erläuterungen zu M 3.

Zu Aufgabe 5, S. 125
Siehe Erläuterungen zu M 4 und M 5.

Zu Aufgabe 6, S. 125
Siehe Erläuterungen zu M 5.

Zusatzmaterial ZM 8.1	Arbeitsblatt: Verfassungen im Vergleich

Die Verfassungen von 1791, 1793, 1795 und 1799 im Vergleich

	1791	1793	1795	1799
Bürger- und Menschen-rechte?				
Gewalten-teilung?				
Wahlrecht und plebiszitäre Elemente?				
Welche sozialen Rechte werden formuliert?				
Wie ist das Verhältnis von Zentrum und Provinz?				
Wie ist die Verfassung zustande gekommen?				
„Nutznießer“ der Verfas-sung?				
Fazit				

Zu Aufgabe 7, S. 125

Methodisch-didaktischer Hinweis: Die Schülerinnen und Schüler erfassen in der Diskussion, dass Napoleon weder zu den politischen Vorstellungen von 1789 zurückkehrte noch das Ancien Régime restaurierte. Viele Ergebnisse der Revolution – die Abschaffung der Ständegesellschaft, die Freiheit des Individuums, die wirtschaftliche Liberalisierung, die Verfassung als Grundlage der Gesellschaftsordnung – blieben unangetastet. Auch wenn Napoleon das Ende der Revolution verkündete, die Nachwirkungen der Französischen Revolution zogen sich durch das ganze 19. und bis in das 20. Jahrhundert.

Notizen

Kapitel 9
Die Neugestaltung Europas unter den Vorzeichen der Revolution und der Herrschaft Napoleons

M 1, S. 130
Die Errichtung des Mainzer Freiheitsbaumes, Stich, um 1792

Zum Bild: Nach der Kanonade von Valmy am 20. September 1792 drangen die französischen Truppen an verschiedenen Frontabschnitten vor und besetzten u. a. auch Mainz. In allen besetzten Gebieten, auch in Mainz, arbeiteten einheimische Demokraten mit den Revolutionstruppen zusammen. Professoren, Studenten und Beamte gründeten nach der Besetzung von Mainz einen Jakobinerklub, der bald über 400 Mitglieder zählte. Dieser wirkte in der Stadt und in der umliegenden Region. Nach Veränderungen in der französischen Besatzungspolitik fanden im Februar und März 1793 Wahlen statt. Am 17. März trat in Mainz ein Konvent zusammen, der die „Rheinisch-Deutsche Republik" ausrief und deren Anschluss an Frankreich beschloss. Nach der Rückeroberung der linksrheinischen Gebiete durch Preußen und Österreich verteidigte sich Mainz noch vier Monate bis zum 23. Juli 1793. Nirgendwo sonst in Deutschland kam es zu einer solch intensiven Begegnung der Menschen aus allen Schichten mit der Französischen Revolution in ihrer demokratischen Phase.
Auf dem Bild ist die Hochstimmung der Menschen während der kurzen Zeit des revolutionären Wandels eingefangen. Um einen mit Jakobinermütze geschmückten Freiheitsbaum tanzen Männer und vor allem Frauen, Uniformierte, Zivilisten und ein Mönch Hand in Hand. Ein Junge trägt ein Schild mit der Aufschrift „Freiheit und Gleichheit". Zwei Uniformierte, links im Bild, sowie ein Mann und eine Frau an Fenstern schauen noch distanziert dem Tanz um den Freiheitsbaum zu.

M 2, S. 131
Kaiser Napoleon I.

Siehe Tafelanschrieb auf der folgenden Seite (zu Aufgabe 1, S. 134).

M 2a, S. 131 f.
Ikonografie des Herrscherbildes

M 2b, S. 132
Kaiser Napoleon im Krönungsornat, Gemälde von François-Pascal-Simon Gérard, 1805/10

M 3, S. 133
Der „Rheinische Antiquarus" vom 17. September 1804 berichtete über den Besuch Kaiser Napoleons im inzwischen französischen Aachen

Zur Quelle: Diese Hofberichterstattung ist für eine bestimmte politische und publizistische Richtung in Deutschland charakteristisch. Kritische Töne unterbleiben, wenn man von der Hervorhebung der Huldigung des Priesters für Napoleon als den „Wiederhersteller der Altäre" absieht. Wenige Wochen vor seiner Kaiserkrönung am 2. Dezember 1804 wählte Napoleon bewusst die alte Kaiserstadt Aachen für diesen symbolischen Einzug.

M 4, S. 133
In einem Brief vom 7. Juli 1807 verspricht Napoleon seinem Bruder Jérôme die Königskrone von Westfalen

Zur Quelle: In seiner kurzen und bündigen Art erteilt Napoleon auch seinem Bruder Jérôme Anweisungen:
- nach Friedenschluss sind „Sie … König von Westfalen…",
- „Sie brauchen einen Sekretär, der vorzüglich deutsch spricht …",
- erfahrene Elsässer für die Verwaltung in Westfalen – Napoleon behält sich ihre Bestätigung vor,
- Napoleon gibt dem Königreich Westfalen eine Verfassung, die die Standesunterschiede aufhebt,
- Jérôme ist die Marionette Napoleons und einer aus der Reihe der Herrscher in den napoleonischen „Familienstaaten".

M 5, S. 133 f.
Aus der Verfassung des neuen Königreichs Westfalen, 1807

Zur Quelle: Nach dem Frieden von Lunéville 1801 und dem Reichsdeputationshauptschluss 1803 führte Napoleons Hegemonialpolitik in Mitteleuropa zur Entstehung neuer mittelgroßer Staaten. Nach Preußens Niederlage 1806 hob Napoleon das Königreich Westfalen zur Stärkung des Rheinbunds und zur Schwächung Preußens 1807 aus der Taufe. Dieser Modellstaat, der den neuen französischen Einfluss in Europa mit einer Verfassung und Bürgerrechten samt Code Civil nach Deutschland brachte, wurde von Napoleons Bruder, Jérôme Napoleon (1784–1860), regiert. Die neue Verfassung garantierte die rechtliche Gleichheit aller Untertanen vor dem Gesetz. Damit wurde vor den preußischen Reformen die Leibeigenschaft abgeschafft, Religionsfreiheit, Gewerbefreiheit und die Bauernbefreiung realisiert. Diese erste für einen deutschen Staat erlassene Konstitution war im 19. Jahrhundert ein Maßstab, dem lediglich süddeutsche Verfassungsstaaten, vor allem Baden, aber auch Hessen-Nassau, Hessen-Darmstadt, Württemberg und Bayern nahekamen. Das Königreich Westfalen bestand von 1807 bis 1813. „König Lustig", wie Jérôme vom Volk wegen seiner Verschwendungssucht genannt wurde, regierte von Schloss Wilhelmshöhe („Napoleonshöhe") bei Kassel. Im Gefolge der Niederlage Napoleons wurde 1814 das Königreich Westfalen mit einer Staatsverschuldung von 200 Millionen Franc aufgelöst.

TAFELANSCHRIEB

Krönungsinsignien	Bedeutung
roter Krönungsmantel	Samt, Hermelin, Gold stehen nur herausgehobenen Fürsten zu
Schwert	Symbol der Wehrhaftigkeit
Zepter	Symbol der weltlichen Macht
Reichsapfel	Symbol für Weltherrschaft im Namen des Kreuzes
Hand der Gerechtigkeit	Symbol der letztinstanzlichen richterlichen Macht

Anknüpfung an
- Römische Symbolik: z. B. Lorbeerkranz
- Karolingische Symbolik: z. B. Reichsapfel
- Absolutistische Symbolik: z. B. Krönungsmantel

Napoleon sieht sich in der Traditionslinie von Weltherrschern.

M 6, S. 134
Europa unter napoleonischer Herrschaft (Karte)

Methodisch-didaktischer Hinweis: Die Schülerinnen und Schüler können (nach der Kartenlegende für 1812) eine Übersicht zu folgenden Punkten zusammenstellen:
- besetzte Territorien und Staaten,
- Vasallenstaaten bzw. von Familienangehörigen Napoleons regierte Staaten,
- Bündnispartner und
- gegnerische bzw. unbeteiligte Staaten.

M 7, S. 134
Am 5. Dezember 1811 schreibt der westfälische König Jérôme Bonaparte an seinen Bruder

Zur Quelle: Dieses Schreiben Jérôme Bonapartes an Napoleon entstand vor dem Hintergrund zahlreicher militärischer Befreiungskämpfe in verschiedenen Gebieten Europas. Besonders der Guerillakrieg in Spanien gegen die französischen Besatzer fand in ganz Europa Resonanz. Die dortige Volksbewegung und das mit ihr verbündete englische Expeditionskorps konnten durch die napoleonische Armee nicht mehr militärisch besiegt werden.

Die Vorbereitungen für einen Krieg gegen Russland waren in eine konkrete Phase getreten. Napoleon wollte mit diesem Feldzug die Kontinentalsperre gegen England effektiver durchsetzen. Für diese militärische Aktion wurden bis dahin unvorstellbare Ressourcen in den besetzten Territorien und Vasallenstaaten durch Frankreich herausgepresst. Jérôme vermutete zu Recht die „revolutionierenden" Auswirkungen dieser Maßnahmen in allen deutschen Territorien und deutete auf entsprechende französische Erfahrungen hin.

Zu Aufgabe 1, S. 134
Siehe Tafelanschrieb links.

Zu Aufgabe 2, S. 134
Siehe Erläuterungen zu M 3 bis M 7.

M 8, S. 135
Veränderungen in Deutschland zwischen 1789 und 1815
Der Historiker Axel Kuhn schreibt zur territorialen Neugliederung Deutschlands: „Nach dem dritten und vierten Koalitionskrieg stand Napoleon auf dem Höhepunkt seiner Macht. Frankreichs Staatsgrenzen waren bis an den Rhein vorgeschoben worden. Die französische Hegemonie über Europa gliederte sich nun in Familienstaaten (das sind Staaten, in denen Mitglieder der Familie Napoleons regierten), abhängige Vasallenstaaten (Staaten, die von Napoleons Gnaden noch selbstständig blieben) und Verbündete.
Im Reichsdeputationshauptschluss hatte Napoleon schon 1803 eine umfassende territoriale Neuordnung Deutschlands erzwungen. Abgeschafft wurden die geistlichen Fürstentümer (Säkularisation), alle freien Reichsstädte bis auf sechs sowie etwa 350 Reichsritterschaften (Mediatisierung). Hauptnutznießer dieser territorialen Neuordnung waren die süddeutschen Staaten Baden, Bayern und Württemberg. Sie wurden zu Mittelstaaten und in einem Umfang vergrößert, den sie im Wesentlichen bis heute als Bundesländer behalten haben." (Axel Kuhn, Die Französische Revolution, Stuttgart [Reclams Universal-Bibliothek Nr. 17017] 1999, S. 158 f.)

M 8a, S. 135
Mitteleuropa vor 1789 (Karte)

M 8b, S. 135
Mitteleuropa zwischen 1806 und 1815 (Karte)

M 9, S. 135
Die Französische Revolution in Deutschland

M 9a, S. 135
Revolutionäre Zentren in Deutschland 1789–1806 (Karte)
In Deutschland wirkte die Französische Revolution naturgemäß stark auf das unmittelbare Grenzgebiet ein. Im Elsass, wo einige Reichsstände grundherrliche Befugnisse ausübten, verweigerten die Bauern nach den Beschlüssen der Konstituante vom August 1789 die Abgaben und Frondienste. Im Sommer erhoben sich die Bauern ebenfalls im Badischen und östlich des Oberrheins, dann in der Kurpfalz, 1790 um Aschaffenburg. Zu Unruhen kam es auch in der Reichsstadt Köln. Da es aber keine weitreichenden Verbindungen zwischen den einzelnen Aufstandszentren gab, brach die Bewegung im Rheinland schon vor der Androhung des Einschreitens der Reichsbehörde 1790 wieder zusammen. Neben diesen und den lange andauernden Unruhen in Schlesien war auch der Bauernaufstand in Kursachsen vom August 1790 von Bedeutung: Als auslösende Faktoren wirkten hier einerseits Dürre und Teuerung, andererseits ohne Zweifel das französische Vorbild.
Eine besondere Entwicklung nahmen die Ereignisse in Mainz, das am 21. Oktober 1792 kampflos an die Franzosen übergeben wurde. Im Verlauf der darauf folgenden Monate gründete sich die so genannte Mainzer Republik: Zunächst bildeten sich ein Jakobinerklub, die „Gesellschaft der Freunde der Freiheit und Gleichheit" (23. Oktober 1792), und der Mainzer Nationalkonvent (Wahlen im Februar/März 1793, Zusammentritt 17. März). Am 18. März 1793 rief der Nationalkonvent sodann den „Rheinisch-Deutschen Freistaat" aus, der sich vom Reich lossagte. Am 21. März beschloss der Konvent die Vereinigung des neuen Staates mit Frankreich. Im Juli 1793 mussten die Franzosen allerdings vor den fürstlichen Belagerungstruppen kapitulieren, im September kehrte der Kurfürst schließlich nach Mainz zurück.

M 9b, S. 136
Friedrich Gottlieb Klopstock (1724 bis 1803), Kennet euch selbst! 1789
Zu Person und Quelle: Friedrich Gottlieb Klopstocks Epos „Messias" war die am meisten bewunderte dichterische Leistung der Generation vor Goethe. Klopstock, der lange in Dänemark gelebt hatte und dann in die Freie Reichsstadt Hamburg übersiedelte, behauptete selbstbewusst seinen Status und seine

Ideale als bürgerlicher Dichter. Damit verband sich sein Eintreten für einen deutschen freiheitlich geprägten Patriotismus, so beispielsweise im Schauspiel „Die Hermannsschlacht“. Er begrüßte die Unabhängigkeitsbestrebungen der Amerikaner und feierte die Errungenschaften der revolutionären Umwälzung in Frankreich. Mit ihm ergriff einer der namhaftesten deutschen Autoren für die Revolution Partei. Später, als die Gewaltbereitschaft in Frankreich wuchs, kritisierte Klopstock, der 1792 französischer Ehrenbürger geworden war, die Entwicklung im Nachbarland scharf. Der antiabsolutistische Eifer des Dichters wurde dadurch jedoch nicht getrübt.

Das Gedicht beginnt (Verse 2–3) mit zwei lakonischen Feststellungen:

a) Die Freiheit wurde in Frankreich verwirklicht.

b) Dies ist die „edelste That“ des Jahrhunderts, die darüber hinaus zu antiker Größe und in die höchste Dimension gesteigert wird („Olympus“).

Dann (Verse 4–11) spricht der Dichter vom „Du“ und vom „wir“. Verkennt der Einzelne die Leistungen des Jahres 1789, ist er „begränzt“, von „Dämmerung“ und „Nacht“ umfangen. Aufgabe ist es, den in den „Weltannalen“ einzigartigen Rang der Französischen Revolution zu verstehen. Darauf ist von den Deutschen die Rede. Durch die Wiederholung betont (Vers 12), werden die „Brüder“, die „Franken“, den Deutschen gegenübergestellt, Letztere „verstummen“. Der Hauptteil des Gedichts (Verse 11–26) stellt die entscheidenden Fragen. Das „Schweigen“ der Deutschen kann Resignation bedeuten, es kann aber auch die „Stille“ vor dem „Sturm“ sein. Das revolutionäre Geschehen wird (Vers 18ff.) mit einem Unwetter verglichen. Dem Chaos folgt die Erholung, die Idylle eines neuen Lebens. Die „Nachtigall“ (Vers 29) leitet dann wieder zum Menschen über: Sein künftiges Leben soll von Neuanfang („Hochzeit“, „Braut“), von der Harmonie zwischen den Generationen („Knaben“ – „Mann“, „Mädchen“ – „Weib“) und, vor allem, von Freiheit geprägt sein – „kein Despot“ darf es mehr wagen, andere zu verachten.

Insgesamt stellt das Gedicht damit eine poetisch eindrucksvolle und mutige Kritik an der (Friedhofs-) Ruhe in Deutschland dar und drückt eine Bewunderung für die Französische Revolution aus, die besonders bedeutsam ist, weil sie mit Klopstock ein Repräsentant des nationalen Denkens formuliert. Am Ende steht die Beschwörung eines besseren Lebens, das aber erst nach einem Umbruch Wirklichkeit werden kann.

M 9c, S. 136
Frau Reimarus aus Hamburg schreibt ihrem Bruder über das Fest am Jahrestag des Sturms auf die Bastille, 1790

Zu Person und Quelle: Als 1790 der Jahrestag der Erstürmung der Bastille gefeiert wurde, versammelte sich auch in Hamburg eine Gruppe von Bürgern und Intellektuellen. Die Revolutionsfeier veranstaltete ein Kreis um den wohlhabenden Kaufmann Georg Heinrich Sieveking (1751–1799) in Harvestehude bei Hamburg. Sieveking hatte 1782 Johanna Margaretha Reimarus geheiratet. Der abgedruckte Brief stammt von seiner Schwiegermutter Sophie Reimarus und ist an ihren Bruder August Ad. Friedrich von Hennings in Plön gerichtet.

M 9d, S. 136f.
1798 erinnert sich die Tochter Reimarus an das Revolutionsfest in Hamburg

Zu Person und Quelle: Der Brief aus dem Jahr 1798 stammt von Christine, geborene Reimarus, die mit ihrem Gatten Reinhard, der in Hamburg französischer Gesandter gewesen war, inzwischen in Florenz lebte. Das Zitat (Zeile 13ff.) ist einem Lied Sievekings entnommen, dessen vollständiger Text auf S. 50–52 der genannten Biografie Sievekings abgedruckt ist.

M 9e, S. 137
In einem „Freiheitsgebet eines Jakobiners“ wird die Mainzer Republik gelobt

Zur Quelle: In diesem Loblied auf die Freiheit wird das Vorbild Französische Revolution beschworen. Die Deutschen werden zur Nachahmung aufgefordert und kosmopolitische Positionen benannt. Die revolutionären Ideale können erfolgreich durch den gemeinsamen Kampf verwirklicht werden. Die Mainzer Republik ist Beweis und Fanal für revolutionäre Volksbewegungen in Deutschland.

Durch die Formulierung „Freiheitsgebet“ greift man einerseits im Volk verwurzelten christlichen Glauben auf und bereitet andererseits durch den revolutionären Inhalt neue Formen politischen Bewusstseins vor.

M 9f, S. 137f.
Steht Deutschland kurz vor einer Revolution? Friedrich Rebmann (1768–1824), 1796

Zu Person und Quelle: Georg Friedrich Rebmann war studierter Jurist und brillanter Publizist. Obgleich er die Terrormaßnahmen der Französischen Revolution nicht billigte, blieb er immer ihr grundsätzlicher Anhänger. Er verteidigte leidenschaftlich die Mainzer Republik und zog dadurch den Hass der Reaktion auf sich. Mit seinen Forderungen nach Beseitigung von Despotismus und für Gleichheit vor dem Gesetz war er einer der Vorkämpfer des Liberalismus in Deutschland. Er stand in vielen Punkten den Girondisten nahe, vertrat jedoch auch zeitweise jakobinisches Gedankengut. Sein umfangreiches schriftstellerisches Werk ist als Quelle zu Gedanken und politischen Forderungen der deutschen Revolutionsanhänger und Frühdemokraten bedeutsam. Seine kosmopolitische Begeisterung für die Ideen der Französischen Revolution verknüpft er mit der Hoffnung auf revolutionäres Handeln des Volkes auch in Deutschland. Dabei sieht er in der Politik der despotischen Regime die Ursache des gegenwärtigen Krieges und die Gründe für revolutionäre Volksbewegungen im Inneren.

M 9g, S. 138
Die Haltung der Deutschen gegenüber der Französischen Revolution, Karl August Freiherr von Hardenberg (1750–1822), 24. Januar 1794

Zu Person und Quelle: Karl August Freiherr von Hardenberg, aus hannoverschem Adel, trat in preußische Dienste und übernahm 1790 die Verwaltung der Markgrafschaft Ansbach-Bayreuth. 1791 zum preußischen Minister ernannt, vollzog er die Vereinigung von Ansbach-Bayreuth mit dem preußischen Staat und verwaltete es als selbstständige preußische Provinz. Nach weiteren Ministerämtern war Hardenberg nach 1810 bis zu seinem Tod Staatskanzler in Preußen. Er setzte die von Freiherrn von Stein in Gang gebrachten preußischen Reformen fort. In seine Verantwortung fallen das Regulierungsedikt vom 14. September 1811 zur Ablösung der Grundherrschaft und die Deklaration vom 29. Mai 1816, die die Ablösung für die Bauern begrenzte und mit Landabgaben verband.

Zu Aufgabe 4 und 5, S. 138
Siehe Erläuterungen zu M 3 bis M 9 a und b.

Zu Aufgabe 6, S. 138
Siehe Tafelanschrieb unten.

Zu Aufgabe 7, S. 138
Siehe Arbeitsblatt ZM 9.1 auf der nächsten Seite.

TAFELANSCHRIEB

Feier zum Jahrestag des Sturms auf die Bastille 1790 in Hamburg

Unmittelbarer Eindruck 1790	Erinnerung 1798
Symbole: – blau-weiß-rote Farben Frankreichs – Festkleidung – Salutschießen	Symbole: – verblasste Erinnerung aus zeitlicher Distanz
Handlungen und Gefühle: – gemeinsamer Gesang und Tanz – gemeinsames Essen und Trinken – Vortrag Klopstocks – Wohltätigkeit – Freude, Rührung; individuelle Besinnung und kollektive Kraft	Handlungen und Gefühle: – Schock der Schreckensepoche – mühevolle Rückbesinnung
Ideale: – Verehrung der Freiheit und ihrer Helden – internationale Aspekte: Deutschland, Amerika, Frankreich	Ideale: – Erinnerung an die einstige Hoffnung – Festhalten an dieser Hoffnung: dem „Bösen" wird Positives folgen, d. h. Verwirklichung der Ideale von 1789
Ergebnis: – uneingeschränkte Solidarität mit den Zielen der Französischen Revolution	Ergebnis: – Beharren auf den revolutionären Hoffnungen, trotz aller Enttäuschungen

Zusatzmaterial ZM 9.1	**Arbeitsblatt: Vier Haltungen zur Französischen Revolution**

Aussagen Hardenbergs	Zuordnung der Positionen aus den Quellen	Zuordnung Hardenbergs
1. Die Gruppe der deutschen Radikalen: eine nicht zu gering zu schätzende politische Gefahr im Fall militärischer Erfolge der Franzosen	M 9 c/M 9 e/ M 9 f	
2. Die Gruppe der Anhänger einer gemäßigten deutschen Revolution. Sie rekrutierte sich mit vielen „Geschäftsmännern", d. h. Beamten und Politikern, aus einer gesellschaftlich hoch anzusiedelnden Schicht.	M 9 b/M 9 d	
3. Die Gruppe der Reformer, die eine gesellschaftlich-wirtschaftliche Umgestaltung Deutschlands im liberal-aufgeklärten Sinne anstrebte		Hardenbergs Position lässt sich aus seinen Formulierungen ableiten: Die dritte Gruppe sei „hoffentlich … zahlreich", sie werde „am geeignetsten" sein.
4. Die Gruppe der Reaktionäre, die vorrangig darauf bedacht sei, ihre traditionellen Vorrechte zu verteidigen. Zu ihren Anhängern zählten mehrheitlich Mitglieder der „privilegierten Stände".		

Zu Aufgabe 9, S. 139
Siehe die Erläuterungen zu M 10.

Zu Aufgabe 10, S. 139
Siehe die Erläuterungen zu M 11, M 12 und M 13.

Zu Aufgabe 11, S. 139
Siehe die Erläuterungen zu M 15 a und b.

Zu Aufgabe 12, S. 139
In M 15 a und b werden folgende Filme, literarische Werke und Denkmäler über Napoleon erwähnt:
1. Die Memoiren Napoleons, *„Mémorial de Sainte-Hélène"*, veröffentlicht im Jahre 1823 von seinem Kammerherrn Las Cases (dt. Übers.: „Tagebuch von St. Helena. Geführt von Graf Emmanuel de Las Cases").
2. Der Napoleonsarkophag im Invalidendom in Paris von 1840.
3. Der mehrteilige französische Historienfilm „Napoleon" mit Christian Clavier als Napoleon, Regie: Yves Simoneau, 2002.
4. Der Stummfilm „Napoleon", Regie: Abel Gance, 1927.
5. Der italienisch-sowjetische Historienfilm „Waterloo" mit Rod Steiger als Napoleon, Regie: Sergej Bondartchouk, 1970.
6. Der britische Spielfilm „Die Duellisten" über zwei napoleonische Offziere, Regie: Ridley Scott, 1977.
7. Der sowjetische Propagandahistorienfilm aus der Stalinzeit „Koutousov" über den Oberkommandierenden der russischen Armee im Krieg gegen Napoleon.

Zu Aufgabe 13, S. 139
Zur Frage, ob Karikaturen zur Mythenbildung beitragen können:
Zunächst sollte man unterscheiden zwischen Mythenbildungen, die a) zu Lebzeiten einer Person einsetzen, und solchen, die b) nach dem Tode beginnen. Außerdem sollte die Erörterung auf die Moderne, d. h. das 19.–21. Jahrhundert, beschränkt werden.
Eine mögliche Position zu a) könnte lauten: Wenn man erstens von der These ausgeht, dass eine Person schon zu Lebzeiten zu einem Mythos werden kann und damit über die Mythos-Definition im Schülerband, S. 139, hinausgreift, und zweitens in Erinnerung ruft, dass Bilder generell starke Auswirkungen auf die Wahrnehmung von Personen, Sachen und Ereignissen haben, könnten auch die zeitgenössischen Napoleon-Karikaturen zur Ausbildung eines Napoleon-Mythos beigetragen haben. Selbst wenn Karikaturen z. B. die Macht und Größe einer Person verzerrend darstellen, so wird das Thema an sich doch öffentlich gemacht.
Eine Position zu b) könnte lauten: Da Karikaturen immer in Bezug zu realen Personen oder Geschehnissen stehen, wird es vermutlich nur wenige Karikaturen aus der Nachzeit der Person oder Begebenheit geben. Und falls es noch Karikaturen geben sollte, wäre ihre Wirkungskraft vermutlich sehr gering.

M 10, S. 139
Aufstieg und Fall Napoleons (1769 bis 1821), deutsche Karikatur

Die moderne politische Karikatur fand seit der Aufhebung der Zensur in England 1696 und nach Einführung der Lithografie 1796 auch während der Französischen Revolution zunehmend Verbreitung. Für die Schülerinnen und Schüler bieten diese Bildquellen einen motivierenden und geeigneten Weg zur Erschließung eines historischen Kontextes. Karikaturen strahlen Authentizität aus, und es gelingt dabei rasch, die Schülerinnen und Schüler direkt im historischen Ereignisrahmen anzusprechen.
Durch die Reduktion der historischen Zusammenhänge lassen sich komplexe historische Zusammenhänge zwar auf den Punkt bringen; jedoch gilt es den Nachteil einer perspektivischen Verkürzung mit weiteren Analyseschritten auszugleichen.
Der Einsatz der Karikaturen auf S. 139 f. ist sowohl heuristisch als Erkenntnismaterial zur Gewinnung von Wissen und Einsichten als auch transferierend für selbstständige Anwendungen bei einer Lernzielkontrolle oder als neue Arbeitsgrundlage für eine Wiederholung einsetzbar.
Zum Bild: Mit der stufenförmigen Darstellung der Karriere Napoleons werden historische Einzelheiten und Zäsuren von seiner korsischen Herkunft (ganz links) über seine Kaiserkrönung (Mitte, höchster Punkt) bis zu seiner Vertreibung aus Deutschland dargestellt. Der ganz rechts platzierte Galgen drückt die Wunschvorstellung des Karikaturisten aus und weist auf die Entstehungszeit noch vor dem Friedensschluss vom 30. Mai 1814 hin. Ergänzt wird die Bildaussage (Mitte, unten) durch die in der Hölle fortdauernden Qualen für Napoleon.

M 11, S. 140
Napoleon als Bäcker eines neuen Europas, Karikatur von James Gilray, 1806

Zum Bild: Der englische Karikaturist verweist mit seinem Bild von 1806 auf die Einsetzung von verschiedenen Familienangehörigen Napoleons als Könige in den so genannten Familienstaaten (Korb links). Das Feuer für den Backofen wird mit den entmachteten Herrschern des Ancien Régime und jakobinischem Terror gespeist. Adler und Talleyrand am Teigtrog stehen für die Kontinuität französischer Eroberungspolitik.
Der Karikaturist sieht die napoleonische Neuordnung Europas ausschließlich als Machtpolitik des französischen Kaisers.

M 12, S. 140
Triumph des Jahres 1813, Brüder Henschel, um 1813

Zum Bild: Die Karikatur entstand nach der Völkerschlacht von Leipzig. Mit einer Spinne im Netz wird auf dieses Ereignis verwiesen. Der grüne Soldatenrock Napoleons ist als Karte ausgebildet und mit Orten von Schlachten dekoriert. Eine Hand, doppeldeutig als Schulterstück der Uniform gestaltet, zieht an einem Spinnenfaden und löst damit das Netz auf. Nackte menschliche Körper in unterschiedlichen Posen prägen das zerfurchte und gealterte Gesicht des Kaisers. Die Ablehnung der Person und der Politik Napoleons durch die Künstler ist offensichtlich.

M 13, S. 140
Kleine „Zeichenschule" zur Anfertigung einer Karikatur, Wilhelm Busch, o. J.

Zum Bild: Wilhelm Busch arbeitet in seiner Karikatur mit minimalistischen Formen. Er verweist auf den typischen Hut Napoleons, in vielen zeitgenössischen Darstellungen den Menschen damals bekannt. Durch die Nennung der Schlachten von Austerlitz und Waterloo und die an Smileys erinnernden Gesichter schlägt Busch eine Verbindung zwischen Aufstieg und Fall Napoleons. Diese Karikatur mutet sehr modern an und hat Pfiff.

M 14, S. 141
Entstehung und Verbreitung von Napoleon-Karikaturen

M 14 enthält Informationen zur Einordnung der zeitgenössischen Napoleon-Karikaturen in den historischen Kontext:
Die Zahl der aus England stammenden Karikaturen war mit Abstand am größten, da sich in England seit der Glorious Revolution 1688/89 ein liberaler Umgang mit der Presse- und Meinungsfreiheit etabliert hatte. Die Hinweise zum Vertrieb lassen Aussagen zu über:
a) die Verbreitung (in diesem Fall: breite Rezeption) der Napoleon-Karikaturen in England;
b) den Export auf den Kontinent bis zur Kontinentalsperre 1806 (in diesem Fall: die begrenzte Verbreitung in Europa über England hinaus).
In Preußen hingegen war die Zahl der Karikaturen wegen der Zensur geringer. Die Verbreitung englischer Karikaturen sollte aber wegen der Importmöglichkeiten nach Preußen bis zum Beginn der Kontinentalsperre nicht unterschätzt werden.
M 14 nimmt direkt Bezug auf die Karikaturen M 11 und M 12.

M 15 a und b, S. 141 f.
Mythos Napoleon

Mithilfe des Sekundärtextes M 15 a und des Interviews M 15 b können folgende Stationen auf dem Weg der Mythenbildung festgehalten werden:
1. Mythenbildung zu Lebzeiten durch Napoleon selbst und seinen Kammerherrn Las Cases: Napoleon entwirft seine Memoiren, die Las Cases nach Napoleons Tod (1821) im Jahre 1823 publiziert.
2. Mythenbildung durch (gelenkte oder spontane?) Spekulationen über die Todesursache Napoleons.
3. Mythenbildung durch einen späteren Herrscher, in diesem Fall des „Bürgerkönigs" Louis Philippe I. Er ließ Napoleons Sarg nach Paris, der Haupt Frankreichs, überführen und im Invalidendom (eingerahmt von Siegesgöttinnen) beisetzen.
4. Erneute Vereinnahmung durch einen späteren Herrscher, d. h. Kaiser Napoleon III. (1852–1870) nach der Niederschlagung der Revolution 1848/49.
5. Mythenbildung durch historische Spielfilme im 20./21. Jahrhundert (vgl. die Aufzählung zu Aufgabe 12, S. 139).
Seit Ende des 20. Jahrhunderts ist die Mythenbildung offensichtlich nicht mehr so einfach, wie das Interview mit dem Historiker Tulard (M 15 b) zeigt.

Die offiziellen Feiern zum 200. Jahrestag der Kaiserkrönung Napoleons und des Sieges von Austerlitz waren bescheiden und wurden kritisch in der Presse diskutiert, während die breite Bevölkerung weiterhin am Mythos Napoleon festzuhalten scheint.
Die Funktion von Mythen für die Gegenwart eines Landes wird noch einmal am Ende des Interviews M 15 b thematisiert (in diesem Zusammenhang möglich: wiederholender Rückgriff auf die Mythosdefinition im Schülerband, S. 139: Die Befriedigung von Sehnsüchten nach einer besseren Welt in Krisenzeiten).

Notizen

Kapitel 10
Die Revolution in der historischen Diskussion

Beispiel für eine Unterrichtssequenz zur Beurteilung der Französischen Revolution

Didaktische Vorbemerkung: Im Zentrum des letzten Kapitels steht der Umgang mit Sekundärtexten, die in Abiturklausuren häufig als Materialgrundlage eingesetzt werden. Eine Leitfrage zu M 1 bis M 4 wurde vorgegeben, um an einem konkreten Beispiel die Analyse von Sekundärtexten üben zu können. Materialien und Arbeitsaufgaben in Kapitel 10 sind auf die

- *Problemstellung* „Modernisierungsprozess" und die
- *Leitfrage* „Radikaler Einschnitt oder allmähliche Transformation?"

zugeschnitten.

Zur Einführung könnten die in M 15, S. 70f. SB, referierten älteren Trends der Revolutionsforschung wiederholend herangezogen werden.

Übung 1:
Begriffe klären

Wiederholung der Begriffe „Moderne" und „Modernisierung" durch eine vorbereitende Hausaufgabe (Begriffslexikon, S. 153; wiederholender Einsatz des Darstellungstextes aus dem Einleitungskapitel, SB S. 5–7).

Übung 2:
Methodische Voraussetzungen prüfen

Wiederholung der systematischen Schritte zur Interpretation von Sekundärtexten mithilfe der Hinweise auf der Methodensonderseite SB, S. 38, oben (Hausaufgabe oder Kurzreferat).

Wiederholung der drei Anforderungsebenen in der Abiturklausur und Klärung, was die unterschiedlichen Operatoren (siehe Methodensonderseite SB, S. 38f.) jeweils vom Schüler verlangen.

Um zu testen, ob die Schülerinnen und Schüler die grundlegenden Unterschiede der Anforderungsebenen verstanden haben, sollten die drei folgenden Testfragen, die sich auf zentrale Operatoren beziehen, im Unterricht geklärt werden:

A *Was wird von Ihnen verlangt, wenn Sie einen Text inhaltlich erschließen sollen?*

B *Was müssen Sie tun, wenn Sie einen Sekundärtext einordnen sollen?*

C *Worin besteht der Unterschied zwischen der „Beurteilung" und der „Bewertung" eines Textes?"*

Übung 3:
Gemeinsame Erarbeitung einer Historikerposition im Unterricht
(M 1: Thamer, 2004)

Texterschließung (Anforderungsebene I):

Die Schülerinnen und Schüler sollten erkennen,

a) dass Thamer in der Französischen Revolution einen „tiefen Einschnitt" sieht („grundstürzende Veränderungen"; „epochales Ereignis");

b) dass er der Revolution eine zentrale Rolle im Modernisierungsprozess zuweist („Laboratorium der Moderne ... in der kurzen Zeitspanne eines Jahrzehnts") und er dies mit folgenden Argumenten untermauert (siehe die „indem ..."-Nebensätze):
   - Herausbildung von Verfassungsformen, die für das 19./20. Jahrhundert wichtig wurden, Thamer verweist dabei nicht nur auf die Demokratie, sondern auch auf die Diktatur;
   - Grundlegung der bürgerlich-individualistischen Eigentums- und Gesellschaftsordnung;
   - Entfaltung einer demokratischen politischen Kultur und der politischen Freiheit;
   - Politisierung der Gesellschaft;
   - Ideologisierung der politischen Sprache;

c) dass Thamer in der Französischen Revolution auch ein Beispiel für die Selbstgefährdung der Demokratie sieht und daraus die bis in die Gegenwart reichende große historisch-politische Bedeutung dieses Ereignisses ableitet.

Einordnung des Textes (Anforderungsebene II):

Ob die Schülerinnen und Schüler an dieser Stelle bereits eine Einordnung der These Thamers in den Fragenkomplex „Radikaler Einschnitt oder allmähliche Transformation?" vornehmen können, hängt vom jeweiligen tatsächlichen Unterrichtsverlauf ab. Bei dem hier vorgeschlagenen unterrichtlichen Vorgehen ist die Einordnung an dieser Stelle noch nicht vorgesehen. Eine Einordnung in die Problemstellung „Modernisierung" sollte von den Schülerinnen und Schülern aber geleistet werden.

Diskussion des Textes (Anforderungsebene III):
Die Schülerinnen und Schüler könnten aus ihrem Wissen heraus beurteilen, ob die Argumente Thamers (s. oben, Texterschließung, b) stimmig sind. Sie könnten sich ferner mit der These Thamers über die Bedeutung der Französischen Revolution bis zur Gegenwart auseinandersetzen.
Darüber hinaus bietet sich eine Erörterung der Frage an, welche Ereignisse und Prozesse, die die Französische Revolution hervorgebracht hat (siehe z. B. die Zeit der Terrorherrschaft), auch allgemein als Gefährdungen der Demokratie betrachtet werden können, z. B.
- Populismus;
- radikale Vorstellungen von Gleichheit;
- Aufhebung/Einschränkung von Machtkontrolle;
- kriegerische Bedrohungen von außen;
- soziale und wirtschaftliche Probleme.

Fachlicher Hinweis: Der Textauszug Thamers steht prominent am Anfang seiner kurzen Gesamtdarstellung zur Französischen Revolution von 2004, und zwar unter der Überschrift „Die Französische Revolution – ein Gründungsereignis". Im Anschluss an den hier ausgewählten Auszug geht Thamer allerdings auch auf Aspekte ein, die seine These vom tiefen Einschnitt etwas relativieren. Diese Passagen wurden in Textauszug M 1 aus didaktischen Gründen bewusst weggelassen.

Übung 4: Selbstständige Erarbeitung einer Historikerposition durch die Schüler (M 2: Mager, 1980; M 3: Reichardt, 1988)

Nach der Wiederholung von Begriffen und systematischen Arbeitsschritten (Übung 1 und 2) und der gemeinsamen Erarbeitung des Thamer-Textes (Übung 3) sollten die Schüler das Gelernte in einer Stillarbeitsphase selbstständig anwenden. Dazu können Kleingruppen gebildet und in arbeitsteiliger Partner- oder Gruppenarbeit die Texte M 2 und M 3 ausgewertet werden. Abschließend sollte eine Gruppe ihre Ergebnisse zu M 2 bzw. eine zweite Gruppe ihre Ergebnisse zu M 3 vorstellen (um Zeit zu sparen, sollten die anderen Gruppen die vorgestellten Ergebnisse ggf. nur ergänzen).

M 2 (Mager, 1980): Texterschließung und Einordnung
Mager argumentiert wie Thamer (M 1) im Rahmen der Modernisierungsthese. Er vertritt allerdings anders als Thamer die Auffassung, dass die Französische Revolution nur eine „akute Krise" innerhalb eines „säkularen Prozesses beschleunigten Wandels" war, der vom zweiten Drittel des 18. bis zum zweiten Drittel des 19. Jahrhunderts reichte (siehe den letzten Absatz und den Einführungssatz). Mager setzt sich damit von den Anhängern der Zäsurthese ab. Anders als Thamer basieren die Argumente Magers in starkem Maße auf Faktoren aus der Sozial- und Wirtschaftsgeschichte; und er nimmt – auch typisch für Sozial- und Wirtschaftshistoriker – die „langen" Trends (des 18. und 19. Jahrhunderts) in den Blick. Mager untersucht und beurteilt (in dieser Reihenfolge in M 2)
- Verkehr und Kommunikation,
- Bevölkerungsentwicklung,
- Landwirtschaft,
- gewerblich-industrielle Revolution,
- Binnen- und Außenhandel,
- gesellschaftliche Strukturen,
- politische Strukturen;
- Mentalitäten werden von Mager nur summarisch am Rande erwähnt.

M 2 (Mager, 1980): Diskussion
Schülerinnen und Schüler können darüber diskutieren, inwieweit der Begriff der „bürgerlichen Umwälzung" (s. letzte Zeile von M 2) die Französische Revolution angemessen erfasst. Außerdem sollten sie – aus ihren Kenntnissen des Kapitels 6 heraus (Schülerband, S. 96 ff., zur Bedeutung von neuen Medien, Symbolen und Festen) – die mangelnde Berücksichtigung mentalitäts- und kulturgeschichtlicher Faktoren in der Analyse Magers erkennen und kritisch beurteilen.

M 3 (Reichardt, 1988): Texterschließung und Einordnung
Reichardt geht zunächst nicht auf die Frage Zäsur oder allmähliche Transformation ein. Die Bedeutung der Französischen Revolution erschließt sich ihm nicht aus der genannten Leitfrage, sondern aus kultur- und mentalitätsgeschichtlichen Aspekten. Er setzt damit an dem Punkt ein, den Mager (M 2) nur summarisch am Rande streift.
Seiner Ansicht nach haben die politischen Parolen von „Freiheit und Gleichheit" und deren messianische Kraft, mit der sie verbreitet („politische Grundsatzerklärungen, Parolen, Leitbegriffe, Symbole") und akzeptiert wurden, bis heute Nachwirkungen gezeigt, weil sie das erste „modellhafte Experiment der ‚Demokratie' im modernen Sinne" (Zeile 37 f.) waren und die „demokratische Kultur"

im modernen Sinne hervorgebracht haben (Zeile 39 und 58 f.).
In einem anderen (hier nicht abgedruckten Text) spricht Reichardt von einer „Kultur- und Bewusstseinsrevolution".
Im Folgenden listet Reichardt Merkmale dieser neuen „demokratischen Kultur" auf:
- Herstellung einer neuen, breiten Öffentlichkeit (Stadt und Provinz) mit ihren spezifischen Kommunikationssystemen;
- eine permanente öffentliche Debatte um aktuelle Politik und
- die erstmalige Politisierung und Mobilisierung großer Massen.
- Die revolutionären Diskurse basierten auf einer naturrechtlichen und existenziellen Grundlage. Dies war allerdings zweischneidig: Einerseits verhalfen sie der Revolution zum Durchbruch, andererseits bargen sie durch ihre Ausschließlichkeit (Glaube an *ein* Wahres und Gutes), die Verwerfung jedes Reformgedankens und den Bruch mit allem historisch Gewachsenen den Keim autoritärer und diktatorischer Herrschaft in sich.

M 3 (Reichardt, 1988): Diskussion
Aus dem Textvergleich von Mager und Reichardt können die Schüler erkennen, dass historische Urteile in Abhängigkeit von den historischen Dimensionen gefällt werden, die Gegenstand der Untersuchung sind (Politik, Wirtschaft, Kultur, Mentalitäten usw.): bei Mager Sozial- und Wirtschaftsgeschichte, bei Reichardt Kultur- und Mentalitätsgeschichte.
Ferner können die Schüler diskutieren, welcher der – nunmehr – drei Thesen sie zustimmen würden: Die Französische Revolution
- als scharfe historische Zäsur?
- als Teil einer allmählichen Transformation?
- als Kultur- und Bewusstseinsrevolution?

Übung 5: Eine Probeklausur als Test (M 4: Fenske, 2007)

Der Sekundärtext von Fenske kann nach den Übungen 1 bis 4 als abschließende Probeklausur eingesetzt werden. Die Arbeitsaufträge (Aufgaben 3 bis 5) decken alle drei Anforderungsniveaus ab. Der Text bietet – anders als M 1 bis M 3 – darüber hinaus die Möglichkeit, die Amerikanische Revolution miteinzubeziehen.
Texterschließung und -einordnung: Fachlich ist anzumerken, dass der Autor die Revolution in einem staatsgeschichtlichen Kontext betrachtet. Sozial- und wirtschaftsgeschichtliche Dimensionen (wie bei Mager) bzw. kultur- und mentalitätsgeschichtliche Dimensionen (wie bei Reichardt) bleiben am Rande. Darüber hinaus ist an der Überschrift seines Aufsatzes erkennbar, dass er sich nicht ausschließlich mit der Französischen Revolution beschäftigt, sondern mit Staatsformen im Allgemeinen.
Auf die Frage nach dem Zäsurcharakter der Französischen Revolution geht er zunächst nur indirekt ein, indem er auf die nach seiner Ansicht wesentlich gewichtigere Rolle der Amerikanischen Revolution hinweist (und deren Rezeption in Europa) und dies mit staatspolitischen Argumenten (Menschenrechte, Volkssouveränität, Gewaltenteilung usw.) belegt.
Auch Fenske bewegt sich (wie M 1, M 2 und M 3) mit seinen Argumenten im Rahmen der Modernisierungstheorie. Amerika ist für ihn Anfangspunkt der Moderne, nicht Europa. Die weit verbreitete Ansicht, „die Französische Revolution habe die Entwicklung hin zur Moderne in Europa ungemein beschleunigt", zieht er in Zweifel. Im Gegenteil: Ausgehend von einem Zitat eines Publizisten aus dem Jahre 1805, stellt er die Frage, ob die Französische Revolution nicht auch so viele Gegenkräfte mobilisiert haben könnte, dass Entwicklungen hin zum modernen Verfassungsstaat ungewollt verhindert wurden.
Diskussion: Die Schüler sollten sich mit der Kernthese und der Argumentation Fenskes auseinandersetzen, das heißt: Sie sollten Stellung beziehen zu der Behauptung, die Amerikanische Revolution sei für den Prozess der Modernisierung wichtiger gewesen als die Französische Revolution, und diese These den drei bekannten Forschungspositionen (siehe oben M 1–M 3: Zäsurthese, Transformationsthese, These von der Kultur- und Bewusstseinsrevolution) gegenüberstellen.
Darüber hinaus könnten die Schüler die provozierende Schlusshypothese (von der Französischen Revolution als Modernisierungshemmer) kritisch erörtern (Fenske rückt damit ein Stück an die Position von Mager in M 2 heran).

M 1, S. 144 Der Historiker Thamer (2004)

Siehe die Erläuterungen zu Übung 3.

M 2, S. 144 ff.
Der Historiker Mager (1980)
Siehe die Erläuterungen zu Übung 4.

M 3, S. 146
Der Historiker Reichardt (1988)
Siehe die Erläuterungen zu Übung 4.

Zu Aufgabe 2, S. 146
Siehe die Erläuterungen zu Übung 4 (M 3, Reichardt: Texterschließung und Einordnung). In diesem Zusammenhang kann auf die Gefahren eingegangen werden, die in der Naturrechtsphilosohpie von Rousseau liegen (Erziehung des Menschen zum Guten).

M 4, S. 147
Der Historiker Fenske (2007): Probeklausur
Siehe die Erläuterungen zu Übung 5.

Zu Aufgabe 3 bis 5, S. 147
Siehe die Erläuterungen zu Übung 5.

Notizen

Notizen

- Didaktische Konzeption
- Erläuterungen zu allen Materialien
- Tafelbilder und Tafelanschriebe
- Zusatzmaterialien und Arbeitsblätter
- Literatur- und Internethinweise
- Aktuelles: www.cornelsen.de/aktualitaetendienste

Cornelsen

ISBN 978-3-06-064240-3

9 783060 642403